Duden

Grundschulwissen

Experimente

Dudenverlag
Mannheim · Zürich

Bibliografische Information der Deutschen Nationalbibliothek
Die Deutsche Nationalbibliothek verzeichnet diese Publikation in der Deutschen Nationalbibliografie; detaillierte bibliografische Daten sind im Internet über http://dnb.ddb.de abrufbar.

Bibliographisches Institut GmbH,
Dudenstraße 6, 68167 Mannheim

Redaktionelle Leitung Annette Güthner
Text- und Bildredaktion Angelika Sust
Texte Christina Braun
Naturwissenschaftliche und fachdidaktische Beratung
Prof. Dr. rer. nat. Manuela Welzel-Breuer (Leiterin der Forscherstation, Klaus-Tschira-Kompetenzzentrum für frühe naturwissenschaftliche Bildung an der Pädagogischen Hochschule Heidelberg)
Pädagogische Beratung Ulrike Holzwarth-Raether

Herstellung Verona Meiling
Layout Horst Bachmann
Illustrationen „Charakter" Barbara Scholz
Illustrationen „Experimente" Niklas Böwer und Oliver Kockmann
Umschlaggestaltung Ulrike Diestel, Leipzig
Umschlagillustrationen Barbara Scholz
Umschlagfotos MEV, Augsburg: Heißluftballon; Fotolia/COCOART: Windrad; Harald Lange, Bad Lausick: Blüte, Airbus S. A. S.: Airbus; © Esther Hildebrandt – Fotolia.com: Hefeteig; © FountainPix – Fotolia.com: Schlittschuhläuferin
Satz Sigrid Hecker, Mannheim
Druck und Bindung Stürtz GmbH,
Alfred-Nobel-Straße 33, 97080 Würzburg

Printed in Germany
ISBN 978-3-411-74841-9

An alle Forscher und Experimente-Fans!

Was passiert, wenn Wasser friert? Wieso kippt ein Kran nicht um? Und wie weit ist ein Gewitter entfernt? Fragen wie diese hast du dir vielleicht schon einmal gestellt. Viele deiner Fragen können dir wahrscheinlich deine Eltern oder deine Lehrerinnen und Lehrer beantworten. Aber auch Erwachsene wissen längst nicht alles! Außerdem macht es viel mehr Spaß, die Lösung selbst herauszufinden!

In diesem Buch warten 50 spannende Experimente auf dich, mit denen du Rätseln und Unklarheiten selbst auf die Schliche kommen kannst. Jedes Experiment wird dir Schritt für Schritt genau erklärt, sodass es ganz einfach durchzuführen ist. Die meisten Dinge, die du für deine Versuche benötigst, findest du bei dir zu Hause.

Aber aufgepasst! Beim Experimentieren musst du – genau wie ein Wissenschaftler – wichtige **Forscherregeln** einhalten:

1. Experimentiere nur an einem aufgeräumten Arbeitsplatz. Nichts sollte dich bei deiner Arbeit stören.
2. Nimm dir immer genügend Zeit und hetze nicht. Sonst könnte das Experiment verfälscht werden.
3. Essen und Trinken sind während des Experimentierens verboten!
4. Sind deine Versuche beendet, räume dein „Labor" sorgfältig auf.
5. Abfälle, die bei einem Versuch übrig bleiben, werden weggeworfen. Egal, ob es sich um ein Stück Kartoffel oder etwas Zucker handelt. Nichts wird aufgehoben oder verzehrt!

Dieses Experimentierbuch bietet dir spannende Möglichkeiten, naturwissenschaftliche Fragen zu beantworten. Und wenn du alles selbst ausprobierst, wirst du es am besten verstehen!

Wir wünschen dir viel Spaß beim Entdecken, Forschen und Experimentieren!

Die Kinder- und Jugendbuchredaktion
des Dudenverlags

Inhalt

So findest du dich im Buch zurecht ... 8

Die wichtigsten naturwissenschaftlichen Arbeitsweisen ... 10

warm und kalt ... 12
Weshalb ist warm nicht gleich warm? ... 14
Warum sind Häuser im Süden oft weiß? ... 16
Warum sind Topfgriffe oft aus Plastik? ... 18
Wie stark drückt die Luft? ... 20
Wie fliegt ein Heißluftballon? ... 22
Wie kann man Geheimschrift lesen? ... 24

leicht und schwer ... 26
Wie funktioniert eine Waage? ... 28
Wie lässt sich Karton leichter zerschneiden? ... 30
Warum schwimmt ein Schiff? ... 32
Weshalb wiegt man im Wasser weniger? ... 34
Wie kann man schwere Dinge bewegen? ... 36
Gibt es wirklich Möbel aus Papier? ... 38
Wieso kippt ein Kran nicht um? ... 40

schnell und langsam ... 42
Wer rutscht schneller? ... 44
Was fällt langsamer, was schneller? ... 46
Wie fährt ein Segelschiff? ... 48
Wie werden Bilder lebendig? ... 50
Warum fliegt man im Karussell nach außen? ... 52
Was passiert bei einem Zusammenstoß? ... 54

laut und leise ... 56
Warum haben wir zwei Ohren? ... 58
Kann man Geräusche auch sehen? ... 60
Stört mich Lärm? ... 62
Weshalb macht eine Flöte Musik? ... 64
Wie hört man mit dem Stethoskop? ... 66
Wie weit ist ein Gewitter entfernt? ... 68

hell und dunkel 70
Wie sehen unsere Augen? 72
Weshalb haben wir zwei Augen? 74
Warum verändern sich Pupillen? 76
Was ist eine Fata Morgana? 78
Welche Farbe hat das Licht? 80
Wachsen Pflanzen immer nach oben? 82

voll und leer 84
Was passiert, wenn Eis schmilzt? 86
Warum wächst der Kuchen im Ofen? 88
Wie bekommt ein Taucher Luft? 90
Wie funktioniert ein Trinkhalm? 92
Wie fliegt eine Rakete? 94
Wie entsteht ein Wirbelsturm? 96

nass und trocken 98
Wie wird die Wäsche trocken? 100
Wie verändern sich Bohnen im Wasser? 102
Wie viel Kraft haben Pflanzen? 104
Wie trinken Pflanzen? 106
Können Pflanzen schwitzen? 108
Wie wird morgen das Wetter? 110
Warum regnet es nicht durch den Schirm? 112

fest und flüssig 114
Was passiert, wenn Wasser friert? 116
Was passiert, wenn Wasser erhitzt wird? 118
Warum geht der Wasserläufer nicht unter? 120
Warum klebt das Segel auf dem Wasser? 122
Weshalb gleiten Schlittschuhe übers Eis? 124
Welche Stoffe verschwinden im Wasser? 126

Mein Forschertagebuch 128

Tipps für Eltern und Lehrer – Naturwissenschaften sind überall 138
Lehrplanbezug 139
Register 140
Bildquellenverzeichnis 143

So findest du dich im Buch zurecht

Der Hauptteil dieses Buches besteht aus 50 Experimenten. Jedes dieser Experimente ist nach dem gleichen Muster aufgebaut, damit du dich leicht zurechtfinden kannst.

Auf den Seiten 10/11 geben wir dir einen Überblick über die wichtigsten naturwissenschaftlichen Arbeitsweisen, die jede Forscherin und jeder Forscher beherrschen sollte.

1. Frage aus dem Alltag

Eine Frage, die du dir vielleicht auch schon einmal gestellt hast, leitet jedes Experiment ein.

2. Material

Die Aufzählung zeigt dir, welche Dinge du für dein Experiment brauchst.

3. Experiment

Wir erklären dir Schritt für Schritt, wie das Experiment funktioniert. Führe die einzelnen Schritte nacheinander durch: Beginne mit Punkt 1. Achte beim Experimentieren unbedingt auf die Forscherregeln von Seite 5!

4. Was passiert?

Das Ergebnis eines Experiments hast du vielleicht schon erahnt. Vielleicht überrascht es dich auch. Wir beschreiben es dir in unseren Worten.

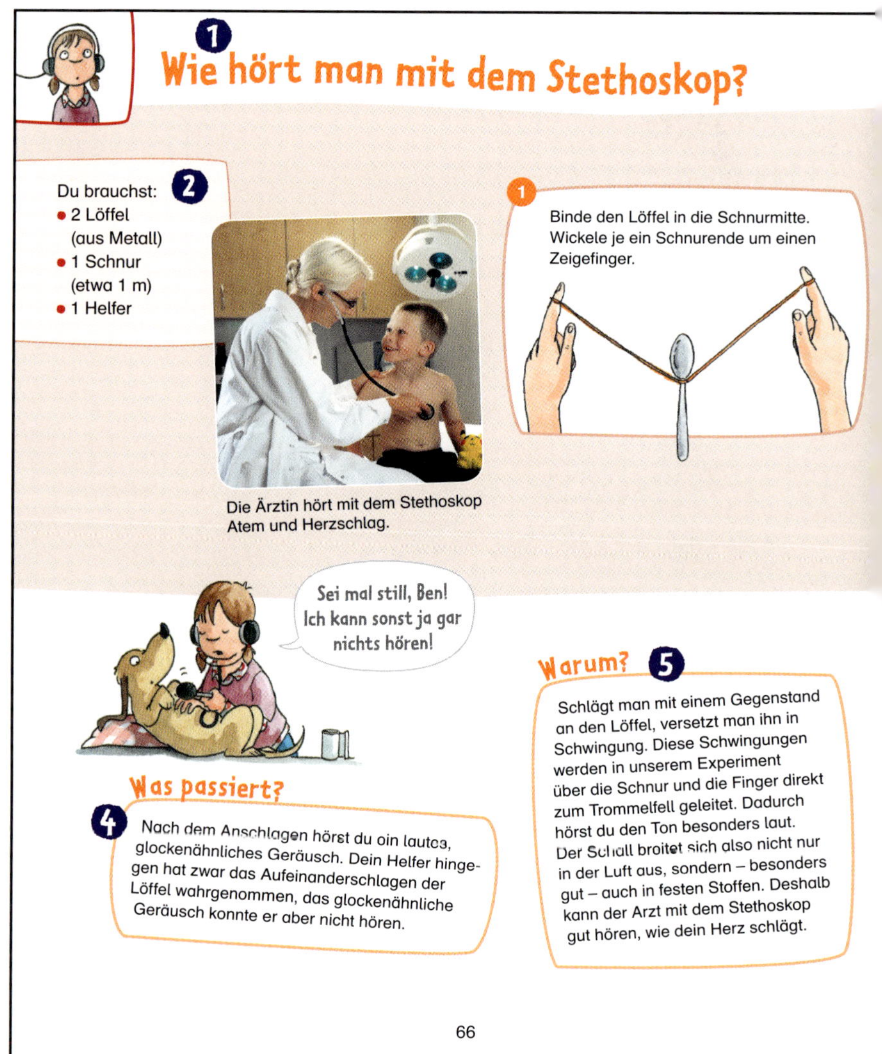

1 Wie hört man mit dem Stethoskop?

Du brauchst: 2
- 2 Löffel (aus Metall)
- 1 Schnur (etwa 1 m)
- 1 Helfer

Die Ärztin hört mit dem Stethoskop Atem und Herzschlag.

1 Binde den Löffel in die Schnurmitte. Wickele je ein Schnurende um einen Zeigefinger.

Sei mal still, Ben! Ich kann sonst ja gar nichts hören!

Was passiert? 4

Nach dem Anschlagen hörst du ein lautes, glockenähnliches Geräusch. Dein Helfer hingegen hat zwar das Aufeinanderschlagen der Löffel wahrgenommen, das glockenähnliche Geräusch konnte er aber nicht hören.

Warum? 5

Schlägt man mit einem Gegenstand an den Löffel, versetzt man ihn in Schwingung. Diese Schwingungen werden in unserem Experiment über die Schnur und die Finger direkt zum Trommelfell geleitet. Dadurch hörst du den Ton besonders laut. Der Schall breitet sich also nicht nur in der Luft aus, sondern – besonders gut – auch in festen Stoffen. Deshalb kann der Arzt mit dem Stethoskop gut hören, wie dein Herz schlägt.

66

Am Ende des Buches findest du auf zehn zusätzlichen Seiten dein persönliches Forschertagebuch. Hier gibt es noch mehr Experimente sowie Anregungen zum Weiterforschen, und du kannst deine eigenen Beobachtungen eintragen – wie ein richtiger Wissenschaftler!

Dieses Symbol zeigt dir an, wenn du im Forschertagebuch zusätzliche Ideen zum Thema entdecken kannst.

Und jetzt wünschen wir dir viel Spaß beim Ausprobieren!

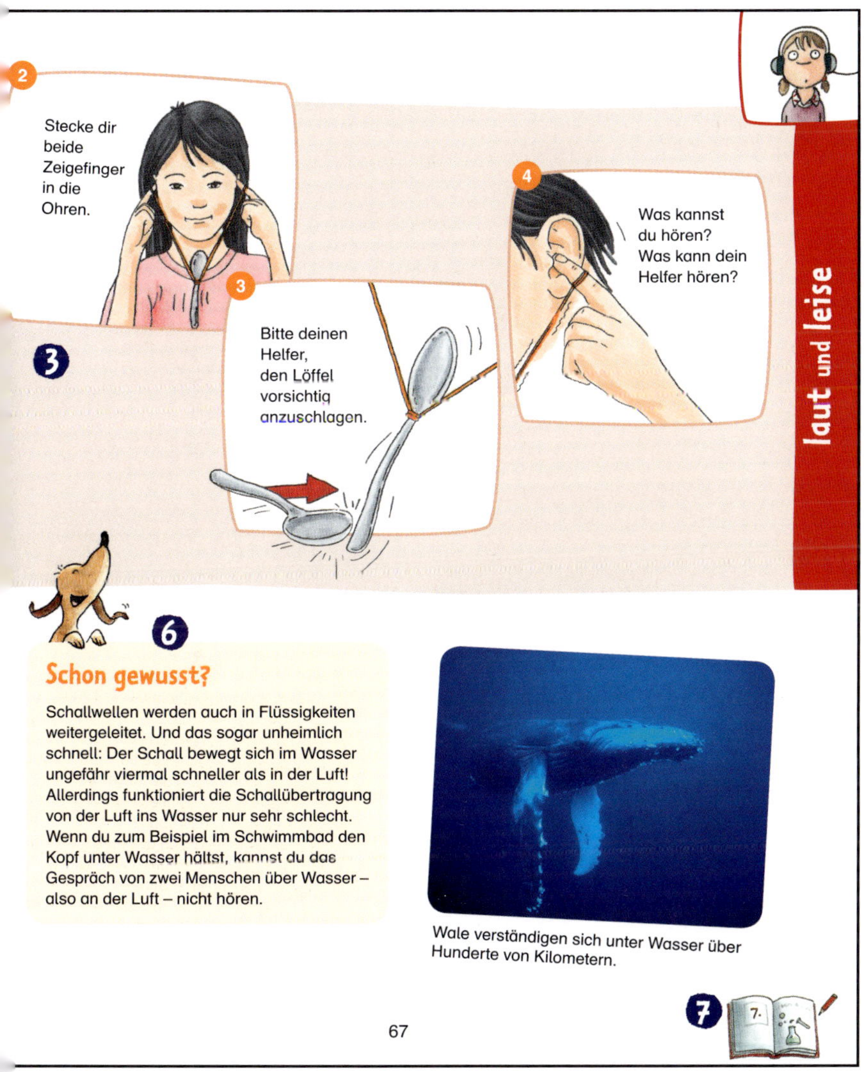

laut und leise

2 Stecke dir beide Zeigefinger in die Ohren.

3 Bitte deinen Helfer, den Löffel vorsichtig anzuschlagen.

4 Was kannst du hören? Was kann dein Helfer hören?

Schon gewusst?

Schallwellen werden auch in Flüssigkeiten weitergeleitet. Und das sogar unheimlich schnell: Der Schall bewegt sich im Wasser ungefähr viermal schneller als in der Luft! Allerdings funktioniert die Schallübertragung von der Luft ins Wasser nur sehr schlecht. Wenn du zum Beispiel im Schwimmbad den Kopf unter Wasser hältst, kannst du das Gespräch von zwei Menschen über Wasser – also an der Luft – nicht hören.

Wale verständigen sich unter Wasser über Hunderte von Kilometern.

67

5. Warum?

Hier erklären wir dir mit einfachen Worten das Ergebnis des Experiments. Warum ist das passiert, was du beobachtet hast?

6. Schon gewusst?

In diesem Kasten stehen Besonderheiten, Rekordverdächtiges oder Dinge, die mit dem Experiment zu tun haben.

7. Mehr dazu im Forschertagebuch

In diesem Symbol findest du eine Zahl. Diese Zahl steht für die Nummer des entsprechenden Experiments im Forschertagebuch. Blättere einfach nach hinten im Buch und forsche weiter!

Die wichtigsten naturwissenschaftlichen Arbeitsweisen

Als Forscherin und Forscher musst du bestimmte Arbeitsweisen üben und können. Sie helfen dir, dass du beim Experimentieren Antworten auf deine Fragen bekommst. Vergiss dabei nicht die Forscherregeln von Seite 5.

Genau planen

Plane deine Experimente gut, bevor du anfängst. Hast du alle Zutaten griffbereit? Wie willst du deine Beobachtungen und Ergebnisse festhalten?
Was kann bei dem Experiment passieren? Brauchst du für deinen Versuch einen Helfer, dann einigt euch vorher darauf, wer was beobachtet. So kann euch nichts entgehen! Je genauer du deine Versuche planst, desto besser werden sie dir gelingen.

Vermuten

Überlege dir vor dem Versuch, was passieren wird und warum. Vielleicht hast du ja bereits eine Vermutung? Hab dabei keine Scheu, denn jeder kann auch mal danebenliegen. Teile deine Meinung anderen mit und diskutiert darüber.
Wenn das Ergebnis des Versuchs zu deiner Vermutung passt, ist deine Behauptung bestätigt. Ist während des Experiments etwas anderes passiert, denke noch einmal über deine erste Vermutung nach.

Genau beobachten

Du musst genau hinsehen, ob sich bei deinem Experiment etwas verändert, ob etwas kleiner oder größer, mehr oder weniger, leichter oder schwerer wird, ob sich die Farbe verändert oder sich etwas ganz und gar auflöst.

Beschreiben

Deine Beobachtungen teilst du deinem Forscherpartner mit. Du kannst sie auch aufmalen oder aufschreiben, damit du nach dem Experiment noch weißt, was genau passiert ist.

Messen

Wenn du vermutest, dass etwas größer oder kleiner, mehr oder weniger wird, musst du es vor dem Versuch und nach dem Versuch genau messen. Denke dabei an die richtigen Maßeinheiten.

Sorgfältig auswerten

Was zeigen dir deine Werte und Ergebnisse? Kannst du sie auf andere Sachverhalte übertragen? Zum richtigen Auswerten gehören Beobachtungen, Vermutungen und Ergebnisse, die du schriftlich festhältst. Du kannst dafür auch einfache Tabellen oder Zeichnungen anlegen.

warm

Warm und kalt sagst du, wenn du über das Wetter oder über die Temperatur von Körpern oder Gegenständen sprichst. Temperaturen spielen in vielen Bereichen unseres Lebens eine Rolle: bei der Wettervorhersage, im Schwimmbad und in der Sauna oder auch beim Kochen.
Auch dein eigener Körper besitzt eine relativ gleichbleibende Temperatur, die normalerweise rund 37 Grad Celsius beträgt.

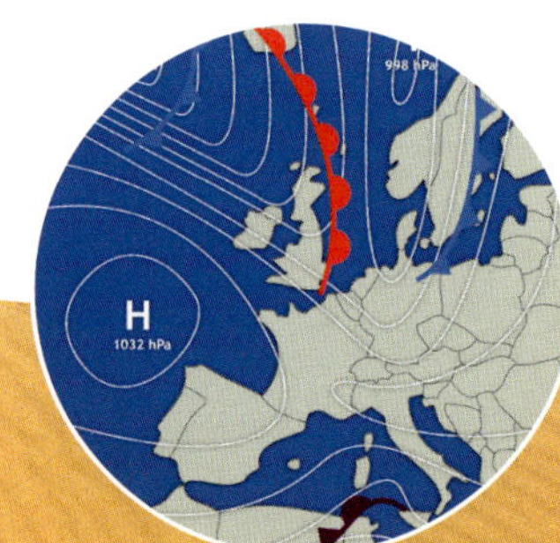

Wenn du krank bist, hast du manchmal jedoch eine erhöhte Körpertemperatur, etwa 38 Grad Celsius oder höher. Obwohl wir jede Temperatur mit einem Thermometer genau messen können, empfinden Menschen Kälte und Wärme sehr unterschiedlich. Manche tragen bei 20 Grad Celsius kurze Hosen, während andere noch dicke Socken anziehen.

... und kalt

Weshalb ist warm nicht gleich warm?

Du brauchst:
- 3 Schälchen
- kaltes Wasser: 5 °C
- lauwarmes Wasser: 20 °C
- warmes Wasser: 37 °C
- 1 Thermometer

1 Fülle eine Schale mit kaltem Wasser, eine mit lauwarmem und eine mit warmem.
! Achte darauf, dass das warme Wasser nicht zu heiß ist!

Das wäre vielen Menschen zu kalt: Eistauchen mitten im Winter!

Was passiert?

Du wirst bemerken, dass sich das lauwarme Wasser mit der rechten, aufgeheizten Hand kalt anfühlt. Mit der linken, abgekühlten Hand jedoch empfindest du das lauwarme Wasser als warm, vielleicht sogar als heiß.

Warum?

In der Haut befinden sich Wärmesinneskörperchen (Rezeptoren), mit denen wir Temperaturänderungen wahrnehmen. Sie sind für unser Wärme- und Kältegefühl zuständig. Taucht die Hand aus dem kalten Wasser ins lauwarme, melden die Rezeptoren ein Wärmegefühl. Denn im Vergleich zum kalten Wasser wird der Hand nun Wärme zugeführt. Die Rezeptoren der Hand, die vom warmen ins lauwarme Wasser wechselt, zeigen dagegen ein Kältegefühl an.

2 Tauche mit der rechten Hand ins kalte Wasser und mit der linken ins warme.

3 Nimm die Hände aus dem Wasser und schüttle sie ab.

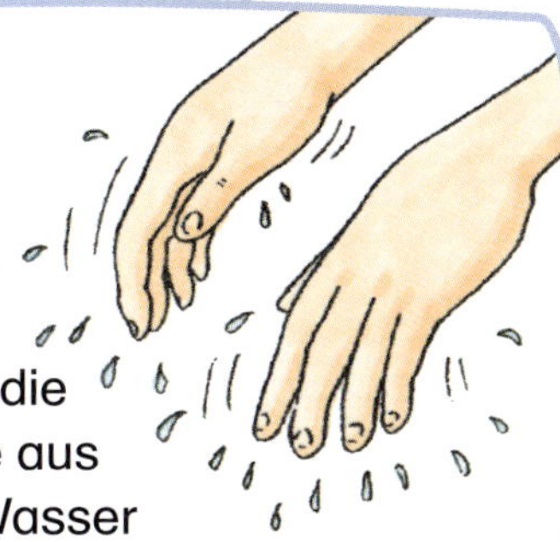

4 Tauche beide Hände in das lauwarme Wasser.

Schon gewusst?

Frauen haben häufiger kalte Füße als Männer. Dies hängt mit der Muskelmasse zusammen! Männer besitzen mehr Muskeln und produzieren daher mehr Körperwärme. Da Frauen von Natur aus weniger Muskeln haben, konzentriert sich ihre Körperwärme auf alle wichtigen inneren Organe. Um nicht unnötig Wärme zu verlieren, verengen sich bei Kälte die Blutgefäße der Frau in den Füßen. Und schon ist es passiert: kalte Füße!

An den weißen und gelben Stellen im Wärmebild verliert das Haus viel Wärme.

Warum sind Häuser im Süden oft weiß?

Du brauchst:
- 1 schwarzes T-Shirt
- 1 weißes T-Shirt
- 2 Schnüre
- 1 Uhr
- Sonnenschein
- 1 Helfer

In heißen Ländern gibt es oft ganz weiß gestrichene Siedlungen.

1

Lass dir je ein T-Shirt um einen Arm binden.

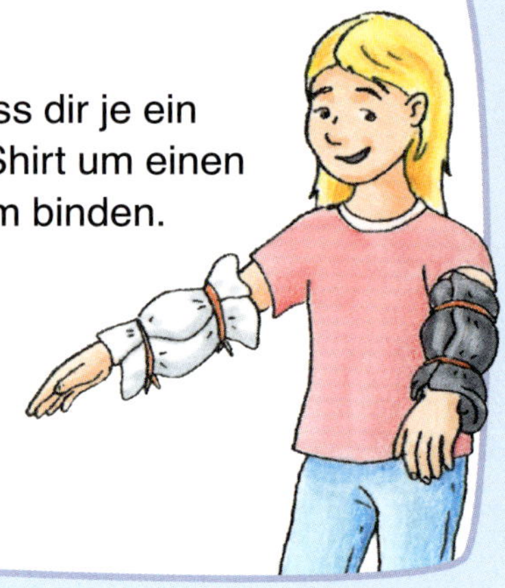

Was passiert?

Solange du im Schatten stehst, fühlen sich beide T-Shirts gleich warm an. Wenn du dich aber in die Sonne stellst, bemerkst du nach etwa drei Minuten einen Unterschied: Das schwarze T-Shirt ist wärmer geworden als das weiße. Auch fühlt sich dein Arm unter dem schwarzen Stoff viel wärmer an als der unter dem weißen.

Warum?

In der Sonne verhalten sich die beiden T-Shirts unterschiedlich – das liegt an der Farbe. Der schwarze Stoff nimmt die meisten Sonnenstrahlen und die darin enthaltene Wärme auf: Er erwärmt sich. Der weiße Stoff hingegen wirft die Sonnenstrahlen und die Wärme zurück, er wird daher kaum wärmer. Deswegen streichen auch die Menschen in heißen Ländern ganze Siedlungen weiß an: Die Häuser heizen sich dann nicht so stark auf.

2 Stelle dich in den Schatten. Welcher Arm ist wärmer?

3 Halte beide Arme etwa 3 Minuten in die Sonne.

4 Wie fühlen sich die beiden T-Shirts jetzt an?

Schon gewusst?

Manche Wüstenvölker tragen lange dunkle Kleidung. Warum? Dunkle Stoffe nehmen nicht nur die Sonnenstrahlen gut auf, sondern auch die Körperwärme. Es wird also zudem Wärme aus dem Körper abtransportiert, und man schwitzt nicht so sehr. Das ist gut, denn wer viel schwitzt, muss viel trinken – und Wasser Ist in der Wüste kostbar. Deswegen sind dunkle Stoffe besser, auch wenn sie sich in der Sonne mehr aufheizen.

Ganz schön warm eingepackt für die heiße Wüste!

Warum sind Topfgriffe oft aus Plastik?

Du brauchst:

- 1 Glas
- heißes Wasser
- 1 Löffel aus Metall
- 1 Löffel aus Plastik
- 1 Holzkochlöffel
- kalte Butter
- 3 Erbsen
- 1 Erwachsenen

In Großküchen gibt es Edelstahltöpfe, deren Griffe nicht heiß werden.

1

Fülle das Glas vorsichtig mit heißem Wasser.
! Lass dir von einem Erwachsenen helfen!

Was passiert?

Zuerst kommt die Erbse auf dem Löffel aus Metall ins Rutschen. Anschließend folgen die Erbsen auf den Löffeln aus Plastik und aus Holz. Probiere doch auch einmal andere Materialien aus, etwa einen Glasstab oder vielleicht sogar einen echten Silberlöffel.

Warum?

Metall leitet die Wärme am besten. Plastik und Holz hingegen erwärmen sich kaum. Damit sich das Essen auf der heißen Herdplatte schnell erwärmt, sind Töpfe und Pfannen aus Metall. Die Griffe dagegen sind meistens aus Plastik, manchmal auch aus Holz. So kann man sie gut anfassen, ohne sich zu verbrennen.

2 Befestige an jedem Löffelstiel eine Erbse mit etwas fester Butter.

3 Stelle alle Löffel ins Wasserglas.

4 Welche Erbse rutscht zuerst vom Stiel?

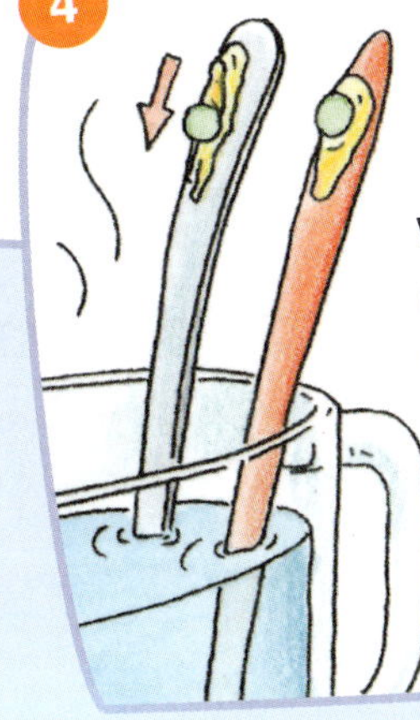

Schon gewusst?

Viele Menschen legen ihren Schmuck ab, bevor sie eine heiße Sauna betreten – vor allem dann, wenn er aus einem wärmeleitenden Metall oder gar aus echtem Silber besteht. Silber ist der beste Wärmeleiter überhaupt! Je nach Temperatur der Sauna können sich die Schmuckstücke erhitzen und leichte Verbrennungen hervorrufen. Bei „unechtem“ Modeschmuck oder in Niedrigtemperatursaunen besteht allerdings keine Gefahr.

Saunen sind immer aus Holz, da Holz schlecht Wärme leitet.

Wie stark drückt die Luft?

Du brauchst:
- 1 Plastikflasche
- heißes Leitungswasser (60 °C)
- Gefrierfach

Im Gebirge ist der Luftdruck geringer! Warum wohl?

1

Halte die offene Flasche eine Weile in den heißen Wasserstrahl.

Was passiert?

Nach etwa einer Minute im Gefrierfach beginnt es im Kühlschrank zu knacken. Es ist die Flasche, die sich plötzlich verformt. Gerade so, als ob eine unsichtbare Hand sie zusammendrückt. Die Flasche wird ganz flach oder auch dreieckig.

Warum?

Das heiße Wasser erhitzt die Luft in der Flasche. Da sich heiße Luft etwa um ein Drittel ausdehnt, entweicht ein Teil der Luft aus der Flasche. Beim Abkühlen im Gefrierfach zieht sich die Luft in der nun verschlossenen Flasche wieder zusammen und benötigt weniger Raum als vorher. Der Luftdruck in der Flasche ist jetzt geringer als der Druck der Außenluft. Also drückt die Außenluft stärker auf die Flasche und presst diese zusammen.

2 Prüfe, ob die Flasche schön warm ist.

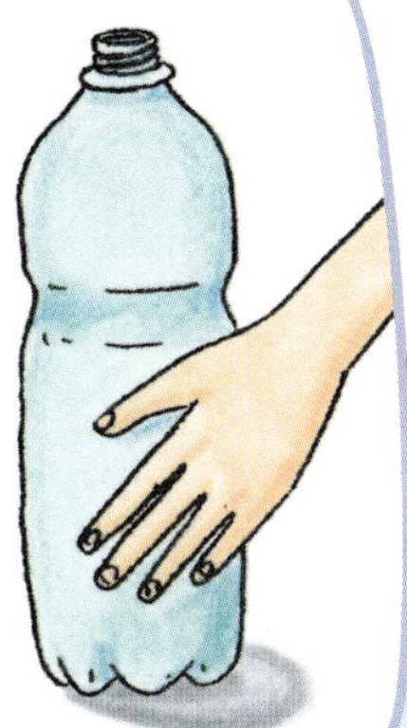

3 Schraube die aufgewärmte, leere Flasche schnell zu.

4

Lege die Flasche ins Gefrierfach des Kühlschranks.

Schon gewusst?

Luft kann also so stark drücken, dass sich sogar Dinge verformen lassen. Der Luftdruck hängt mit dem Gewicht der Lufthülle unserer Erde zusammen. Auf ein DIN-A4-Blatt drücken rund 624 Kilogramm Luft. Das entspricht der Luftsäule, die über dem Blatt lastet – sie reicht vom Erdboden bis ins Weltall! Da im Gebirge diese Luftsäule wesentlich kürzer ist, drückt die Luft dort weniger stark: Der Luftdruck nimmt mit zunehmender Höhe ab.

Fische halten einen viel größeren Druck aus: den Wasserdruck!

Wie fliegt ein Heißluftballon?

Du brauchst:
- 1 Luftballon
- 1 kleine Glasflasche
- 2 Schüsseln
- heißes Wasser
- kaltes Wasser
- 1 Erwachsenen

Die Luft im Heißluftballon wird mit einer Gasflamme erhitzt.

1

Puste den Ballon auf und lass die Luft wieder raus. Stülpe ihn über die leere Flasche.

Was passiert?

Wenn die Flasche mit dem Ballon in heißes Wasser gestellt wird, dauert es nicht lange, und der Ballon beginnt zu wachsen: Er wird aufgeblasen. Stellt man die Flasche anschließend in kaltes Wasser, schrumpft der Ballon nach kurzer Zeit zusammen und sackt wieder nach unten.

Warum?

Steht die Flasche im heißen Wasser, wird die Luft in ihrem Inneren erwärmt. Die warme Luft dehnt sich aus und bläht den Ballon auf. Im kalten Wasser kühlt die Luft in der Flasche wieder ab und zieht sich zusammen: Der Ballon sackt nach unten. Warme Luft dehnt sich nicht nur aus, sie ist auch leichter als die kühlere Luft in ihrer Umgebung. Deswegen steigt ein Heißluftballon nach oben, wenn man die Luft in seinem Inneren erhitzt.

2
Schütte vorsichtig heißes Wasser in die Schüssel.
! Lass dir von einem Erwachsenen helfen!

3
Stelle die Flasche ins Wasser. Warte ein paar Minuten.

4
Fülle kaltes Wasser in die zweite Schüssel. Stelle die Flasche hinein.
! Vorsicht: Das Glas der Flasche könnte heiß sein!

5
Was passiert mit dem Luftballon?

Schon gewusst?

An heißen Sommertagen kann man über einem Getreidefeld oder über dem Asphalt beobachten, wie heiße Luft nach oben steigt. Die Luft scheint zu flimmern. Und wenn du genau hinsiehst, wirst du erkennen, dass Luft aufsteigt. Auch im Winter kannst du aufsteigende Luftbewegungen in der Wohnung feststellen. Halte einfach deine Hände über den Heizkörper, und schon spürst du, wie die warme Luft hochsteigt.

Deckenventilatoren drücken die hochgestiegene warme Luft wieder nach unten.

Wie kann man Geheimschrift lesen?

Du brauchst:
- etwas Apfelsaft
- 1 Schälchen
- 1 Wattestäbchen
- Papier
- 1 Bügeleisen
- 1 Bügelbrett
- 1 Erwachsenen

Ein versiegelter Brief: top secret (streng geheim)!

1 Fülle etwas Apfelsaft in das Schälchen.

Was passiert?

Sobald der Erwachsene mit dem heißen Bügeleisen über das Papier geht, kannst du die ersten Zeichen deiner Geheimschrift erkennen: Sie wird braunschwarz und sieht ein bisschen verbrannt aus.

Warum?

Die Hitze des Bügeleisens und die Luft machen deine geheime Botschaft sichtbar. Das heiße Bügeleisen verwandelt den Zucker im Apfelsaft in braunschwarzes Karamell (gebrannten Zucker). Zudem färbt die Luft den Apfelsaft bräunlich. Dieser Vorgang heißt Rosten (Oxidation) und passiert auch, wenn du einen angeschnittenen Apfel liegen lässt: An der Luft wird das Fruchtfleisch braun.

2 Tauche das Wattestäbchen ein und schreibe etwas auf das Papier.

3 Lass die Schrift trocknen, bis sie nicht mehr glänzt.

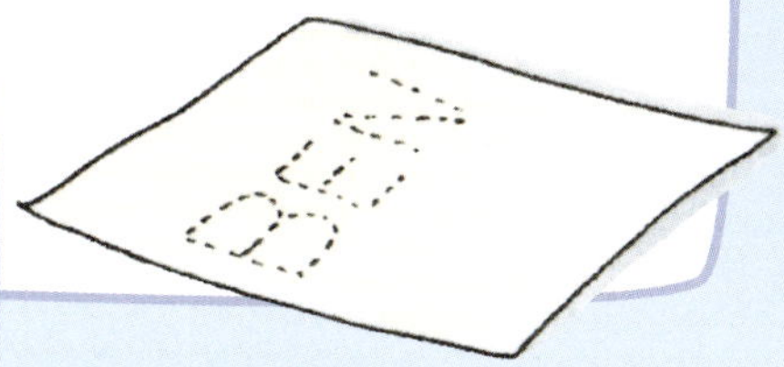

4 Bügele das Blatt auf höchster Stufe.
! Lass dir von einem Erwachsenen helfen!

Schon gewusst?

Geheimtinte wird seit rund 2000 Jahren verwendet. Im Laufe der Zeit wurden die Menschen beim Entwickeln von Zauberschriften sehr erfinderisch. So verwendeten sie zum Schreiben von Geheimbotschaften Milch, Essig, Zwiebel-, Zitronen- oder Obstsaft. Denn alle diese Flüssigkeiten werden erst dann sichtbar, wenn man sie erhitzt.

Auch Eisen kann an der Luft rosten und wird braun.

leicht

Egal ob Mensch, Tier, Pflanze oder Gegenstand: Jeder hat sein eigenes Gewicht. Ein Marienkäfer oder eine Feder wiegen fast nichts. Für dich sind sie deshalb leicht. Hat ein voller Schulranzen hingegen viel Gewicht, ist er für dich schwer. Wenn du eine dicke Pappe durchschneiden musst oder eine große schwere Kiste von einem Ort zum anderen tragen möchtest, ist das oft sehr anstrengend.

Einfache Tricks und Kniffe können dir manche Arbeit leichter machen: Nimmst du zum Beispiel eine große Schere, lässt sich die Pappe viel leichter schneiden als mit einer kleinen Schere. Und auf Rollen kannst du deine schwere Kiste ganz einfach vorwärtsbewegen.

... und schwer

Wie funktioniert eine Waage?

Du brauchst:
- 1 Joghurtbecher
- 1 Papierstreifen (etwa 10 cm x 30 cm)
- 1 Stift
- 1 Schere
- 1 Gummiband
- 5 2-Euro-Münzen
- etwas Paketschnur
- etwas Klebeband
- 1 Erwachsenen

Mit Balkenwaagen vergleicht man verschiedene Gewichte.

1

Stich mit der Schere 2 gegenüberliegende Löcher in den Becher.
! Lass dir von einem Erwachsenen helfen!

Was passiert?

Je mehr Münzen du in den Becher legst, desto länger wird das Gummiband. Auf dem Papierstreifen hast du Striche gezeichnet – für jede Münze einen. Die Abstände zwischen den einzelnen Strichen sind genau gleich groß.

Warum?

Auf der Erde gibt es die Schwerkraft. Sie sorgt dafür, dass alle Gegenstände nach unten fallen. Legst du Münzen in den Becher, wird dieser immer schwerer. Je schwerer etwas ist, desto stärker wird es von der Erde angezogen. Wenn wir etwas wiegen, so messen wir also die Stärke, mit der die Schwerkraft der Erde den Gegenstand anzieht. Dabei wird das Gummiband auseinandergezogen. Die Striche auf dem Papierstreifen zeigen dir das.

2
Fädle das Gummiband auf und knote die Enden der Schnur in den Löchern fest.

3
Klebe den Papierstreifen an eine Wand.

4
Hänge deinem Helfer vor dem Papier den Becher über den Finger.

5
Lege Münze für Münze in den Becher. Zeichne nach jeder Münze einen Strich.

Schon gewusst?

Eine sogenannte Federwaage besitzt statt des Gummibandes eine Stahlfeder. Federwaagen gibt es oft auf Märkten.
Moderne Waagen sind meist mit komplizierter Technik ausgestattet. Ein Modell funktioniert mit Stimmgabeln, die durch eine Batterie in Schwingung versetzt werden. Je nachdem, wie schwer der Gegenstand ist, schwingen die Stimmgabeln in unterschiedlich hohen Tönen. Aus den Tönen wird dann das Gewicht berechnet.

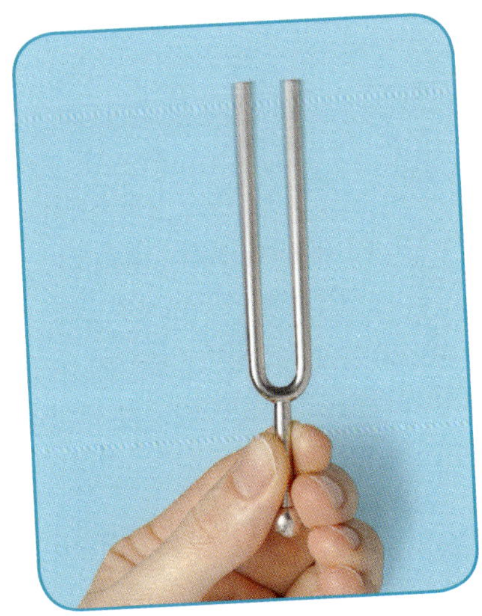

Mit Stimmgabeln kann man etwas wiegen – unglaublich!

Wie lässt sich Karton leichter zerschneiden?

Du brauchst:
- 2 schmale Bretter (etwa 50 cm lang)
- 1 breites Brett
- 1 schmales, dickes Brett
- 1 Besenstiel
- 1 Helfer

Je größer der Hebel, desto leichter wird die Arbeit.

1

Lege die beiden schmalen Bretter im Abstand von 30 cm auf den Boden.

Was passiert?

Wenn du versuchst, das Brett mit bloßen Händen anzuheben, wirst du nicht sehr erfolgreich sein. Es ist einfach zu schwer. Wenn du aber den Besenstiel zu Hilfe nimmst, gelingt es dir mit viel weniger Mühe. Wo musst du den Besenstiel anfassen, damit es noch leichter geht? Probiere es doch mal aus.

Warum?

Durch den Besenstiel bist du zwar nicht stärker geworden, aber er erleichtert dir die Arbeit. Ein Hilfsmittel wie den Besenstiel nennt man Hebel. Je länger der Hebel ist, umso weniger Kraft brauchst du. Daher geht es noch leichter, wenn du den Stiel ganz am Ende anfasst. Und deshalb kannst du auch mit einer großen Schere viel besser und leichter Karton schneiden.

2

Lege das breite Brett darüber. Lass die unteren Bretter etwas überstehen.

3

Dein Helfer setzt sich auf das breite Brett. Versuche, es anzuheben.

4

Lege das schmale, dicke Brett auf die unteren beiden.

5

Versuche, mit dem Besenstiel das Brett mit deinem Helfer anzuheben.

Schon gewusst?

Auch Nussknacker, Baggerarm, Schubkarre und Locher funktionieren mit Hebelkraft. Mit einem Locher kannst du Löcher ins Papier stanzen. In einen normalen Locher passen ungefähr 15 bis 20 Blatt Papier. Es gibt aber auch viel größere Locher. Die können bis zu 150 Blatt Papier auf einmal lochen. Denn diese großen Locher haben einen ganz besonders langen Hebel zum Herunterdrücken.

Viele Werkzeuge sind Hebel.
So lässt sich die Mutter gut lösen.

Warum schwimmt ein Schiff?

Du brauchst:
- 1 großen Eimer
- Wasser
- 1 tiefe Schüssel
- 1 Plastikbecher

Containerschiffe gehen trotz ihrer schweren Last nicht unter.

1

Fülle den Eimer mit Wasser.

Was passiert?

Bestimmt fiel es dir leichter, den Becher herunterzudrücken als die Schüssel. Um die Schüssel nach unten zu drücken, brauchst du vielleicht sogar beide Arme. Für den Becher hast du wahrscheinlich nur eine Hand benötigt.

Warum?

Wenn du einen Gegenstand ins Wasser drückst, musst du das Wasser verdrängen, das sich dort gerade noch befindet. Das ist nicht ganz einfach, denn das Wasser drückt selbst ebenso gegen den Becher oder die Schüssel und damit gegen deine Hand. Diese Kraft des Wassers nennt man Auftriebskraft. Sie sorgt dafür, dass jeder Gegenstand im Wasser nach oben gedrückt wird.

2

Drücke den Plastikbecher mit dem Boden voran langsam ins Wasser.

3

Pass auf, dass kein Wasser in den Becher läuft.

4

Versuche nun dasselbe mit der Schüssel.

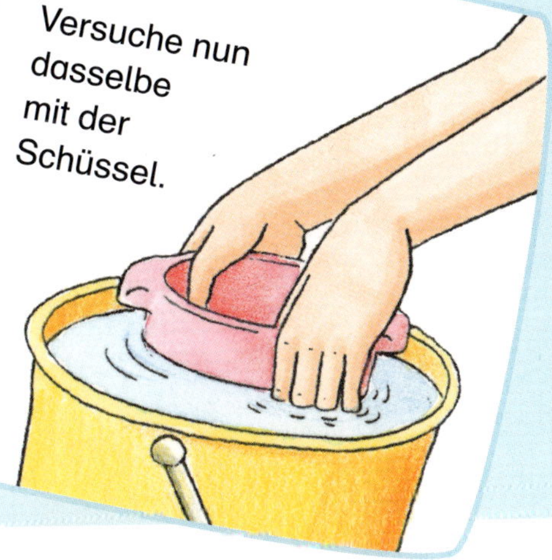

Schon gewusst?

Mit der Auftriebskraft lassen sich auch Betrüger überführen! Vor mehr als 2000 Jahren prüfte der Mathematiker Archimedes, ob eine Krone wirklich aus Gold angefertigt wurde. Dazu tauchte er die Krone ins Wasser und notierte, wie viel Wasser sie verdrängte. Anschließend lauchte er einen Goldklumpen mit demselben Gewicht ins Wasser. Die Mengen des verdrängten Wassers stimmten nicht überein. Die Krone war nicht echt!

Archimedes entdeckte die Auftriebskraft des Wassers.

Weshalb wiegt man im Wasser weniger?

Du brauchst:

- 1 Küchenwaage
- 1 Bleistift
- Klebeband
- etwas Schnur
- 1 Glas
- Wasser
- 1 Stein

Zwei Schwergewichte mal ganz leicht

1 Klebe den Bleistift auf der Waage fest.

Was passiert?

Die Waage zeigt es dir an: Das Gewicht des Steins verändert sich! Er wird leichter, obwohl seine Größe und sein Aussehen gleich bleiben. Komisch! Der Stein verliert an Gewicht, sobald er im Wasserglas hängt.
Probiere doch auch mal andere Steine aus – mit anderen Formen und in verschiedenen Größen.

Warum?

Der Stein wird in Wirklichkeit natürlich nicht leichter. Das geringere Gewicht, das die Waage plötzlich anzeigt, hat mit dem verdrängten Wasser zu tun. Sobald der Stein ins Glas taucht, drückt er auf das Wasser. Ein größerer Stein verdrängt dabei mehr Wasser als ein kleinerer Stein. Das Wasser wehrt sich gegen das Verdrängen und drückt mit der Auftriebskraft dagegen. Deshalb wird der Stein nicht mehr so stark von der Schwerkraft nach unten gezogen, und die Waage zeigt weniger an.

2

Binde den Stein fest. Knote mit dem losen Ende der Schnur eine Schlaufe.

3

Hänge den Stein an den Stift. Wie viel wiegt er?

4

Fülle Wasser in das Glas.

5

Was wiegt der Stein, wenn du ihn in das Glas hängst?

Schon gewusst?

Flugzeuge nutzen eine andere Form der Auftriebskraft, um die Schwerkraft der Erde zu überwinden. Wichtig dabei ist die Form der Flügel oder Tragflächen: Da sie nach oben gewölbt sind, strömt die Luft oben schneller vorbei. So entsteht eine Art Luftwirbel, der das Flugzeug nach oben zieht. Durch die schnelle Vorwärtsbewegung beim Start strömt an den Flügeln sehr viel Luft vorbei. Der Luftwirbel wird so groß, dass das Flugzeug abhebt.

Wegen der Form seiner Flügel kann das Flugzeug abheben.

Wie kann man schwere Dinge bewegen?

Du brauchst:
- 1 größeren Karton
- Teppich
- 10 runde Stäbe (etwa 30 cm lang)
- 1 Helfer

Mit einer Schubkarre geht es ganz einfach!

1 Stelle den Karton auf den Teppich. Dein Helfer soll sich hineinsetzen.

Was passiert?

Steht der Karton auf dem Teppich, ist es schwer, ihn mit deinem Helfer darin zu bewegen. Liegen unter dem Karton jedoch runde Stäbe, kannst du die „Last“ viel leichter schieben und fortbewegen.

Warum?

Wenn ein schwerer Gegenstand mit einer großen Fläche direkt auf dem Boden aufliegt, lässt er sich nur mit viel Mühe bewegen. Der gesamte Kartonboden reibt über den Teppich und verursacht einen großen Widerstand. Legt man Rollen darunter, liegt der Karton nur an wenigen Stellen auf den Hölzern auf. Dadurch reibt er weniger auf dem Untergrund. Man sagt, die Reibung ist geringer geworden. Mit weniger Reibung lässt sich ein Gegenstand viel leichter schieben.

2 Versuche, den Karton über den Teppich zu schieben.

3 Lege die runden Stäbe unter den leeren Karton.

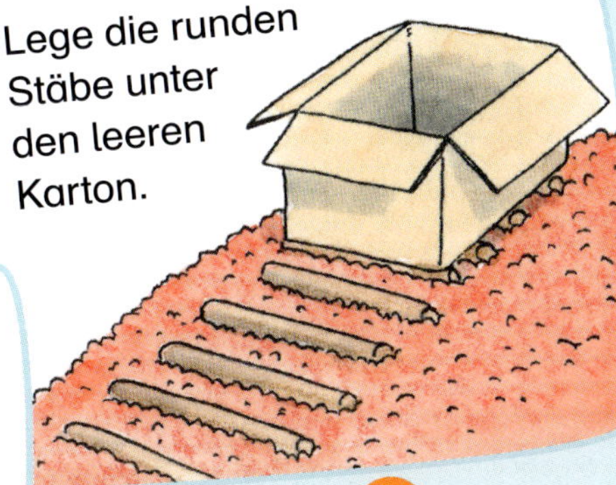

4 Dein Helfer darf wieder einsteigen. Schiebe den Karton ein Stück.

Schon gewusst?

Das alte Ägypten ist für viele Forscher heute noch ein Rätsel: Wie wurden vor über 4500 Jahren die Pyramiden gebaut? Es gab damals weder Bagger noch Kräne! Wie konnten die Ägypter die riesigen Steine befördern und übereinanderstapeln? Viele vermuten, dass sie die Steine mit Rundhölzern zum Bauplatz transportiert haben. Das wäre zumindest eine Möglichkeit, um einen etwa 2,5 Tonnen schweren Steinblock zu bewegen.

Die 138 m hohe Cheopspyramide besteht aus 3 Millionen Steinblöcken.

Gibt es wirklich Möbel aus Papier?

Du brauchst:

- mehrere Blatt Papier
- 2 Bücherstapel
- mehrere CD-Hüllen

Sieht eigentlich ganz gemütlich aus!

1 Lege ein Blatt Papier auf 2 gleich hohe Bücherstapel.

Was passiert?

Die einfache Brücke aus dem ungefalteten Blatt Papier hält nicht einmal eine CD-Hülle aus. Sobald diese das Papier berührt, knickt das Blatt ein, und beides fällt nach unten. Die gefaltete Papierbrücke dagegen kann mehrere CD-Hüllen tragen, bis auch sie irgendwann einknickt. Probiere noch weitere Brücken aus. Wie kannst du das Papier noch falten?

Warum?

Ein flaches Blatt Papier hat eine Länge und eine Breite. Im gefalteten Zustand, als Papierbrücke, hat das Papier neben der Länge und der Breite auch noch eine Höhe. Dadurch lässt es sich ziehen und drücken und kann mehr aushalten.

Bei Möbeln aus Pappe verfährt man ähnlich. Zum Bauen wird Wellpappe verwendet. Die besteht abwechselnd aus gewellten und flachen Schichten und wird dadurch enorm stabil.

2 Lege eine CD-Hülle auf das Papier.

4 Staple auf das gefaltete Blatt ein paar CD-Hüllen.

3 Falte das Papier, sodass eine Ziehharmonika-Form entsteht.

Schon gewusst?

Die „Falt-Technik“ wird auch in der Industrie eingesetzt, um Bauelemente strapazierfähiger zu machen. Forscher haben herausgefunden, dass Materialien und Stoffe mit einer Wabenstruktur besonders stabil sind. Diese sechseckige Form hat man sich von der Natur abgeguckt: Honigbienen bauen Waben und lagern ihren Honig darin.

Bienen sind wahre Baumeister: Ihre Waben sind sehr stabil.

Wieso kippt ein Kran nicht um?

Du brauchst:

- 1 Besenstiel
- 1 Stofftasche
- 1 schweres Buch
- 1 Helfer

Turmkräne können über 100 t heben – etwa 100 Autos!

1

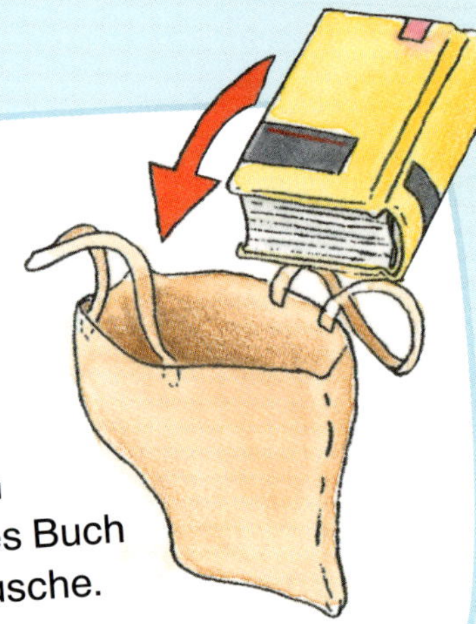

Lege ein schweres Buch in die Tasche.

Ist so ein riesiger Kran vielleicht am Boden festgeschraubt?

Was passiert?

Wenn das Buch ganz nah an deinem Körper ist, lässt es sich am leichtesten tragen. Hängt die Tasche dagegen weiter von dir weg, wird es immer schwerer, den Besenstiel waagerecht zu halten. Das ist schon komisch, denn das Buch ist ja nicht schwerer geworden.

Warum?

Wenn die Tasche weiter von dir entfernt ist, brauchst du mehr Kraft. Bei einem Kran ist das ähnlich: Je weiter ein Gewicht auf dem Ausleger nach vorne wandert, desto schwerer wird es für den Kran. Damit der Kran nicht umkippt, ist er mit einem gewaltigen Gegengewicht ausgestattet. Das kannst du meist am hinteren Ende des Auslegers sehen. Dieses Gegengewicht muss immer schwerer sein als die größte Last, die der Kran heben kann.

2

Halte den Besenstiel an einem Ende fest.

3

Dein Helfer soll die Tasche nah an deinen Händen über den Stiel hängen.

4

Stück für Stück soll dein Helfer die Tasche ans andere Stielende ziehen.

Schon gewusst?

Kräne gibt es mittlerweile in den unterschiedlichsten Ausführungen: fest stehend oder fahrbar, mit Rädern oder mit Ketten und noch vieles mehr. Die stärksten Kräne sind Schwimmkräne, die zum Beispiel Bohrinseln aufbauen. Sie tragen Lasten von rund 10 000 Tonnen. Solch ein Kran könnte locker eine Herde von 2000 Elefanten auf einmal hochheben – unglaublich!

Dieser Schwimmkran schafft im Doppelhub 14 000 t!

schnell

Als schnell oder langsam bezeichnest du Körper, die sich mit einer bestimmten Geschwindigkeit bewegen. Um Geschwindigkeiten vergleichen zu können, gibt man sie meist in Kilometern pro Stunde (km/h) oder in Metern pro Sekunde (m/s) an. Ein Auto fährt bei Richtgeschwindigkeit auf der Autobahn etwa 130 km/h. Das schnellste Tier an Land ist mit bis zu 112 km/h der Gepard. Die Schnecke hingegen zählt eher zu den langsamen Lebewesen.

Bewegt sich ein Körper besonders schnell, können unterschiedliche Kräfte wirken: Auf Körper, die gedreht werden, wirkt zum Beispiel die Fliehkraft. In einem Kettenkarussell wirst du deshalb nach außen gedrückt. Fallende Körper werden von der Schwerkraft der Erde nach unten gezogen.

... und langsam

Wer rutscht schneller?

Du brauchst:
- Knete
- 1 Holzkugel
- 2 Streichholz-schachteln
- 1 Taschentuch
- Klebeband
- 1 Brett oder Backblech

Mit etwas Wasser auf der Rutsche geht es noch schneller!

1 Forme aus der Knete einen Würfel.

Was passiert?

Die Kugel bewegt sich als Erste und rollt am schnellsten hinunter. An zweiter Stelle ist die unbeklebte Streichholz-schachtel. Platz drei geht an die um-wickelte Schachtel, und den letzten Rang belegt der Würfel aus Knete.

Warum?

Wenn ein Gegenstand seine Unterlage nur wenig berührt, wird er weniger durch Reibung gebremst. Die Kugel berührt die Unterlage nur an einem ganz kleinen Punkt und ist deshalb am schnellsten. Die um-wickelte Schachtel wird stärker gebremst als die Schachtel mit der glatten Ober-fläche, weil durch das Taschentuch die Oberfläche rauer ist. Der Würfel aus Knete klebt auf dem Blech und bewegt sich daher am langsamsten.

2 Wickle um eine Streichholzschachtel ein Stück Taschentuch und klebe es fest.

3 Lege den Würfel, die beiden Schachteln und die Kugel auf das Blech.

4 Hebe das Blech langsam an. Was rutscht als Erstes?

Schon gewusst?

Eine einfache Fahrradbremse nutzt die Reibung aus. Beim Bremsen drücken die Bremsklötze gegen die Felge des Rades, und es entsteht Reibung. Dadurch wird die Bewegungsenergie in Wärme umgewandelt und der Reifen abgebremst. Bremsklötze bestehen meistens aus Gummi, da dieser auf glatten Unterlagen besonders gut reibt.
Wenn du bergab viel bremsen musst, überprüfe mal nach dem Absteigen, wie sich die Bremsklötze anfühlen.

Bei der Fahrradbremse drücken die Bremsklötze auf die Felge.

Was fällt langsamer, was schneller?

Du brauchst:
- 1 Stück Papier (2 cm × 2 cm)
- 1 volle Streichholzschachtel
- 1 Stuhl

Bevor sich der Fallschirm öffnet, wirkt die volle Schwerkraft.

1

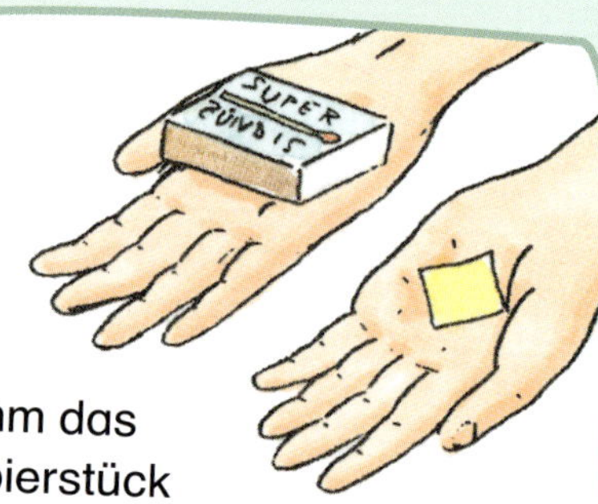

Nimm das Papierstück und die Streichholzschachtel jeweils in eine Hand.

Was passiert?

Im ersten Teil des Experiments fällt die Streichholzschachtel auf dem schnellsten Weg auf den Boden. Das Papierstück hingegen segelt langsam hinterher und kommt erst viel später an. Lässt du aber beide Gegenstände aufeinanderliegend los, fällt das Papierstück genauso schnell wie die Streichholzschachtel. Beide erreichen den Boden gemeinsam.

Warum?

Das Papierstück alleine ist sehr leicht. Da es dennoch eine relativ große Fläche besitzt, ist es auf dem Weg zum Boden einem recht großen Luftwiderstand ausgesetzt. Die Luft kann das Papier sehr stark abbremsen. Wenn das Papierstück aber auf der deutlich schwereren Schachtel aufliegt, fehlt dieser Luftwiderstand. Man könnte auch sagen, dass das Papier den Windschatten der Schachtel ausnutzt. Es fällt dann viel schneller zu Boden.

2

Stelle dich auf den Stuhl.

3

Lass die beiden Gegenstände aus derselben Höhe fallen.

4

Lege das Papierstück auf die Schachtel und lass beides fallen.

Schon gewusst?

Ein Fallschirmspringer macht sich dieses Prinzip zunutze. Wenn sich während des Sprungs der Fallschirm öffnet, wird der Springer abgebremst. Die große Fläche des an sich sehr leichten Fallschirms sorgt nämlich für einen großen Luftwiderstand, und der Fallschirmspringer gleitet langsam nach unten.

Mit geöffnetem Fallschirm gleitet man langsam zu Boden.

Wie fährt ein Segelschiff?

Du brauchst:
- Styropor®
- 4 Holzspieße
- Papier
- 1 Schere
- 1 große Schüssel
- Wasser
- 1 Erwachsenen

Mit gewölbtem Segel kommen die Boote schnell vorwärts.

1 Schneide 4 Styropor®-stücke als Schiffsrumpf zurecht.

Warum?

Ein Segelschiff nutzt zum Fahren die Energie des Windes aus. Der Wind drückt gegen das Segel und bewegt das Schiff nach vorne.
Im Experiment wird der Wind durch dein Pusten ersetzt. Je größer das Segel ist, desto mehr Wind kann sich darin fangen und desto höher ist die Geschwindigkeit des Schiffs. Wenn allerdings ein Segel zu groß gewählt wird, besteht die Gefahr, dass das Boot durch zu viel Wind umkippt.

Was passiert?

Die Boote mit den verschiedenen Segeln bewegen sich unterschiedlich schnell über das Wasser. Je größer das Segel ist, desto schneller wird das Boot. Aber Achtung! Bei zu großem Segel kippt das Schiff um.

2 Stecke die Holzspieße in die Mitte der Boote.

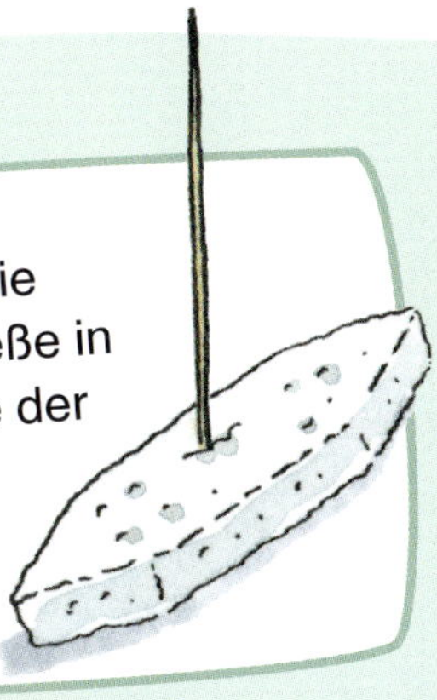

4 Stich mit der Schere 2 Löcher in jedes Segel und stecke es auf den Holzspieß.
! Lass dir von einem Erwachsenen helfen!

3 Schneide aus dem Papier 4 Segel in verschiedenen Formen und Größen aus.

5 Setze die Boote in die mit Wasser gefüllte Schüssel und puste auf die Segel.

Schon gewusst?

Ein erfahrener Segler kann auch gegen den Wind segeln. Dafür muss er die Stellung der Segel und des Schwertes genau aufeinander abstimmen. Das Schwert ist eine Platte aus festem Material, zum Beispiel aus Holz, die unterhalb des Schiffs ins Wasser taucht. Du kannst dir das Schwert wie die Bauchflosse eines Fisches vorstellen. Diese „Schiffsflosse“ hält das Schiff in der Fahrspur.

Windräder verwandeln die Energie des Windes in Strom.

Wie werden Bilder lebendig?

Du brauchst:
- 1 DIN-A4-Blatt weißes Tonpapier
- 1 Stift
- 1 Lineal
- 1 Haushaltsgummi
- 1 Erwachsenen

Bei dieser Filmrolle kann man die vielen Einzelbilder gut sehen.

1 Schneide das Papier in 16 gleich große Stücke (etwa 5 cm x 7 cm).
! Lass dir von einem Erwachsenen helfen!

Was passiert?

Wenn du die einzelnen Bilder schnell genug hintereinander durchblätterst, ergeben sie einen kleinen Film. Die Figur aus deinem Daumenkino scheint sich tatsächlich auf den Seiten zu bewegen.

Warum?

Unsere Augen werden getäuscht. Denn die Bilder erscheinen so schnell, dass wir sie nicht mehr auseinanderhalten können. Während das erste Bild noch auf der Netzhaut des Auges ist, erscheint schon das zweite Bild. Das Gehirn erhält schnell nacheinander die Informationen zu den Einzelbildern und ergänzt sie zu einer fließenden Bewegung. Im Kino nutzt man das aus: Aus 24 Bildern pro Sekunde entsteht für uns ein zusammenhängender Film.

2 Male eine Geschichte in Einzelschritten auf die Papierstücke. Lass links etwas Platz.

3 Bilde einen Stapel mit dem ersten Bild oben, ganz unten das letzte.

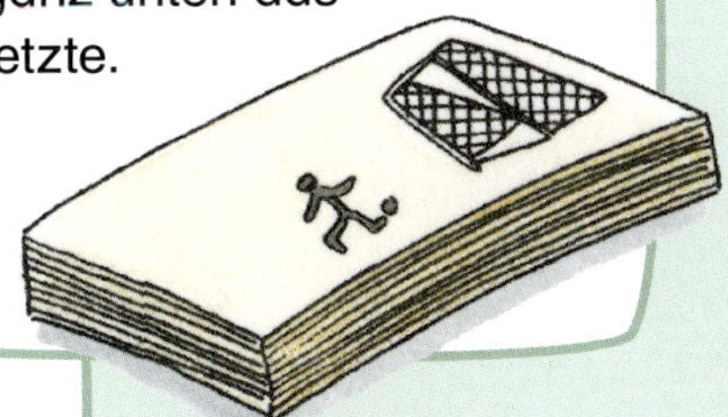

4 Wickele das Gummiband fest um den linken Seitenrand.

5 Halte den Stapel links fest und blättere ihn schnell durch.

Schon gewusst?

Hast du schon einmal auf die Räder bei einem fahrenden Auto geachtet? Ab einem bestimmten Tempo sieht es nämlich so aus, als ob sich die Räder rückwärts drehen. Auch hier sind unsere Augen für die vielen Bilder in der schnellen Abfolge zu träge. Sie können nicht alle Bilder wahrnehmen, und unser Gehirn ergänzt die Abfolge daher falsch. Man spricht in diesem Fall auch vom sogenannten Wagenradeffekt.

Libellen sehen rund 300 Bilder pro Sekunde!

Warum fliegt man im Karussell nach außen?

Du brauchst:
- 1 tiefe Schüssel
- 1 Erbse

Beim Kettenkarussell fliegen alle Fahrgäste nach außen.

1 Nimm eine Erbse und lass sie über der Schüssel los.

Was passiert?

Wenn du die Erbse loslässt, fällt sie auf direktem Weg in die Schüssel. Die Schwerkraft zieht die Erbse nach unten. Sobald du anfängst, die Schüssel zu kreisen, macht auch die Erbse eine Kreisbewegung. Am Anfang dreht sie sich unten auf dem Schüsselboden. Je schneller du die Schüssel bewegst, desto schneller läuft die Erbse an der Wand entlang und bewegt sich – entgegen der Schwerkraft – nach oben.

Warum?

Durch Drehbewegungen kann man Dinge nach außen drängen. Diese sogenannte Fliehkraft sorgt dafür, dass etwas nicht mit der Schwerkraft nach unten fällt. Wenn die Fliehkraft groß genug ist, bewegt sich ein Gegenstand sogar nach oben – wie im Experiment die Erbse. Wird die Drehbewegung langsamer und die Fliehkraft nimmt ab, fällt die Erbse wieder nach unten. Wegen der Fliehkraft wird man auch im Karussell nach außen gedrückt.

2 Halte die Schüssel unten fest und fange an zu kreisen.

3 Was macht die Erbse in der Schüssel?

4 Versuche, schneller zu kreisen. Was passiert nun?

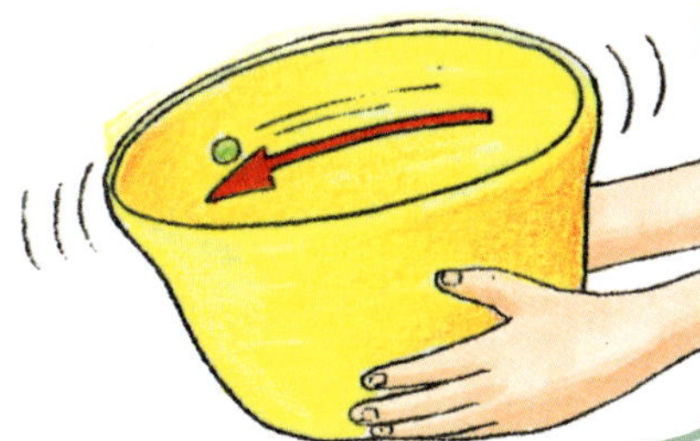

Schon gewusst?

Im Haushalt gibt es ein Gerät, das sich die Fliehkraft zunutze macht: die Salatschleuder. Man gibt den frisch gewaschenen Salat in das Innensieb der Schleuder, schließt den Deckel und versetzt alles mit einer Kurbel in eine schnelle Drehbewegung. Das Wasser wird durch das Innensieb nach außen geschleudert und von der äußeren Schüssel aufgefangen. Der Salat ist nun trocken. Lecker!

Auch beim Schleudergang der Waschmaschine wirkt die Fliehkraft.

Was passiert bei einem Zusammenstoß?

Du brauchst:
- 4 5-Cent-Münzen
- 1 50-Cent-Münze

Bei einem Crashtest wird untersucht, wie sich das Auto bei einem Aufprall verhält.

1 Lege 3 5-Cent-Münzen hintereinander in eine Reihe.

Was passiert?

Die Münze trifft auf die Münzenreihe und bleibt liegen. Dafür bewegt sich die Münze am anderen Ende der Reihe weg – und zwar mit derselben Geschwindigkeit, mit der die erste Münze auf die Münzenreihe getroffen ist. Selbst wenn die Münzen unterschiedlich groß und schwer sind, lassen sie sich durch einen Zusammenstoß bewegen.
Beobachte doch auch einmal, welche Münze schneller, welche langsamer weggeschnippt wird.

Warum?

Wenn die Münzen aufeinandertreffen, wird Energie übertragen: Jede Münze gibt Energie an die nächste Münze weiter. Da die letzte Münze keine Energie weitergeben kann, bewegt sie sich von der Reihe weg.
Bei einem Zusammenstoß zweier Autos wird Bewegungsenergie des einen Autos auf das andere übertragen. Damit der Schaden für alle Beteiligten möglichst gering bleibt, werden Knautschzonen eingebaut, die verformbar sind und die Bewegungsenergie „abfedern".

2 Schnippe eine vierte 5-Cent-Münze auf die Münzenreihe.

4 Schnippe nun die größere Münze auf die kleinere.

3 Schnippe eine 5-Cent-Münze auf eine 50-Cent-Münze.

Schon gewusst?

Auch beim Fußballspiel gibt es diese sogenannten elastischen Stöße. Wenn du mit dem Fuß einen ruhenden Ball trittst, überträgt sich die Bewegungsenergie des Fußes auf den Ball, und der Ball wird beschleunigt. Den Schuss kannst du mit dem oberen Experiment vergleichen, bei dem du mit einer 50-Cent-Münze auf ein 5-Cent-Stück geschossen hast.

Je kräftiger der Schuss, desto schneller fliegt der Ball.

laut

Du unterscheidest laute und leise Töne voneinander. Der Schall beziehungsweise die Schallwellen tragen Geräusche bis an unser Ohr heran. Das Ohr nimmt die Wellen auf und leitet Informationen über das Geräusch an unser Gehirn weiter. So hören wir. Wie laut ein Geräusch ist, hängt davon ab, wie stark die Schallwellen sind.

Schallwellen können von einem Gegenstand oder einem Lebewesen erzeugt werden, wie von einer zugeschlagenen Tür oder einem bellenden Hund. Die Schallwellen bewegen sich durch die Luft, ähnlich wie sich Wellen auf einem See fortsetzen, wenn du einen Stein ins Wasser wirfst. Doch auch unter Wasser wird der Schall übertragen oder in einem festen Körper wie zum Beispiel einer Schnur.

... und leise

Warum haben wir zwei Ohren?

Du brauchst:
- 1 Halstuch
- 1 Helfer

Wüstenfüchse geben über ihre beiden großen Ohren Wärme ab.

1 Lass dir die Augen mit dem Tuch verbinden und halte dir ein Ohr zu.

Was passiert?

Solange du dir ein Ohr zuhältst, wird es dir wahrscheinlich schwerfallen, die genaue Richtung des Geräusches herauszufinden. Du kannst das Geräusch zwar hören, aber nicht den Ort bestimmen. Wenn du beide Ohren benutzen darfst, geht es viel leichter.

Warum?

Wenn ein Geräusch von rechts kommt, wird es vom rechten Ohr etwas früher und lauter wahrgenommen als vom linken. Dieser kleine Zeitunterschied reicht aus, um die Richtung zu bestimmen.
Außerdem kann man mit zwei Ohren in einer lauten Umgebung ein bestimmtes Geräusch besser verfolgen, etwa die Stimme des Lehrers in einem lauten Klassenzimmer. Menschen, die auf einem Ohr schlecht hören, haben dabei große Schwierigkeiten.

Schon gewusst?

Unser Hörsinn ist von allen fünf Sinnen am feinsten ausgebildet. Das Ohr kann bis zu 400 000 Töne unterscheiden.
Im Vergleich zu einigen Tieren hören wir Menschen aber nur sehr durchschnittlich. Hunde und Katzen zum Beispiel nehmen auch ganz hohe Töne wahr, die wir gar nicht mehr hören können. Übrigens: Bei einer Heuschrecke suchst du die Ohren am Kopf vergebens. Sie trägt ihre Hörorgane nämlich unterhalb der Knie.

Das Bein einer Laubheuschrecke mit Hörorgan

Kann man Geräusche auch sehen?

Du brauchst:
- 1 Plastikschüssel
- Butterbrotpapier
- 1 großen Gummi
- Salz
- 1 Backblech
- 1 Holzlöffel

Schallwellen verhalten sich wie Wellen auf dem Wasser.

1 Spanne das Butterbrotpapier mit dem Gummi straff über die Schüssel.

Was passiert?

Wenn du mit dem Kochlöffel kräftig auf das Backblech schlägst, hüpfen die Salzkörner in die Höhe. Hörst du mit dem Schlagen auf, liegen sie wieder ganz ruhig auf dem Butterbrotpapier. Klopfst du nur ganz sanft auf das Blech, springen die Körner nicht so hoch wie vorher.

Warum?

Das Blech schwingt, wenn du darauf trommelst. Diese Schwingungen werden durch die Luft übertragen – ähnlich wie Wellen, die sich im Wasser fortbewegen. Die unsichtbaren „Luftwellen“ bringen das Butterbrotpapier zum Schwingen, und die Körnchen auf dem Papier fangen an zu hüpfen. Je kräftiger du schlägst, desto stärker sind die Wellen und desto höher fliegen die Körner. Da diese Wellen den Schall transportieren, heißen sie Schallwellen.

2

Streue auf das Butterbrotpapier einige Salzkörner.

3

Halte das Backblech mit ein wenig Abstand über die Schüssel.
! Vielleicht hilft dir jemand dabei!

4

Schlage mit dem Kochlöffel einmal kräftig und einmal sanft auf das Blech.

Schon gewusst?

Wenn Schallwellen auf einen Gegenstand treffen, werden sie zurückgeworfen. Man spricht dann von einem Echo.
Viele Tiere nutzen das Echo, um sich zu orientieren. So finden sich Fledermäuse auch in totaler Finsternis zurecht: Sie stoßen ganz hohe Töne aus (Ultraschalltöne), die wir gar nicht hören können. Werden die Töne von einer Felswand oder einem Baum zurückgeworfen, kann die Fledermaus das Hindernis orten und weicht rechtzeitig aus.

Mithilfe des Echos fangen Fledermäuse auch Insekten.

Stört mich Lärm?

Du brauchst:
- 1 Musik-CD
- 1 CD-Player
- 10 Rechenaufgaben
- 1 Stift
- Papier
- 1 Stoppuhr
- 1 Helfer

Viele Menschen tragen einen Lärmschutz bei der Arbeit.

1

Rechne die ersten 5 Aufgaben bei Ruhe aus.

Warum?

Lärm ruft bei den meisten Menschen Stress hervor: Wir werden unruhiger und können uns schlecht konzentrieren. Daher rechnest du auch nicht mehr so schnell wie in einem ruhigen Zimmer.
Das Ohr ist übrigens ein sehr sensibles Organ. Sind wir oft Lärm oder auch lauter Musik ausgesetzt, können unsere Ohren stark geschädigt werden. Wir hören dann schlechter.

Was passiert?

Bei den Rechenaufgaben, die du ohne Lärm gerechnet hast, konntest du dich besser konzentrieren. Wahrscheinlich hast du weniger Fehler gemacht und weniger Zeit benötigt. Wenn du bei Lärm rechnest, schweifen deine Gedanken leichter ab. Du hast sicherlich mehr Leichtsinnsfehler gemacht als am Anfang.

2

Bitte deinen Helfer, die Zeit zu stoppen.

3

Jetzt dreht dein Helfer die Musik auf und singt oder klatscht laut.

4

Rechne mit dem Lärm die nächsten 5 Aufgaben. Stoppt die Zeit.

Schon gewusst?

Lärm kann überall auftauchen: auf einer Baustelle, in der Disco oder an stark befahrenen Straßen. Vielleicht sind dir auf der Autobahn schon einmal lange Wände aufgefallen, die direkt neben der Fahrbahn stehen. Meist befinden sich die Wände in der Nähe von Wohnhäusern. Sie schützen die Anwohner vor dem Verkehrslärm. Ein Großteil des Lärms kann so aufgehalten werden, da er in Form von Schallwellen von der Wand abprallt.

Lärmschutzwand an einer Autobahn

Weshalb macht eine Flöte Musik?

Du brauchst:
- 1 Trinkhalm
- 1 Schere

Das Mundstück eines Holzblasinstruments

1 Drücke den Trinkhalm an einem Ende ganz flach zusammen.

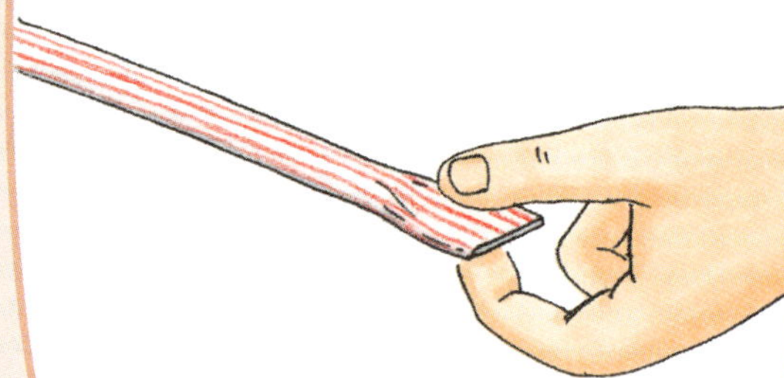

Was passiert?

Der Trinkhalm gibt ein trötendes Geräusch von sich. Wenn er das nicht sofort tut, musst du etwas mehr oder weniger Luft durchblasen. Vielleicht musst du den Trinkhalm auch etwas mehr oder weniger weit in den Mund nehmen. Dabei darf er weder Zunge, Gaumen noch Lippen berühren. Wichtig ist, dass die beiden flachgedrückten Trinkhalmspitzen ganz nah beieinander liegen. Wenn du etwas herumprobierst, macht es bestimmt bald „Trööööt“.

Warum?

Sobald die Luft durch den Trinkhalm strömt, fangen die Spitzen an zu schwingen. Es entsteht eine Art Luftwirbel, der die Spitzen zueinander zieht. Weil so keine Luft mehr nachströmen kann, reißt der Luftwirbel schlagartig ab. Ohne den Luftwirbel können sich die Spitzen wieder öffnen und machen Platz für den nächsten Luftstrom. Dieser Vorgang passiert mehrere Tausend Male pro Sekunde, was wir als trötendes Geräusch wahrnehmen.

2 Schneide das flache Ende vorsichtig zu einer Spitze.

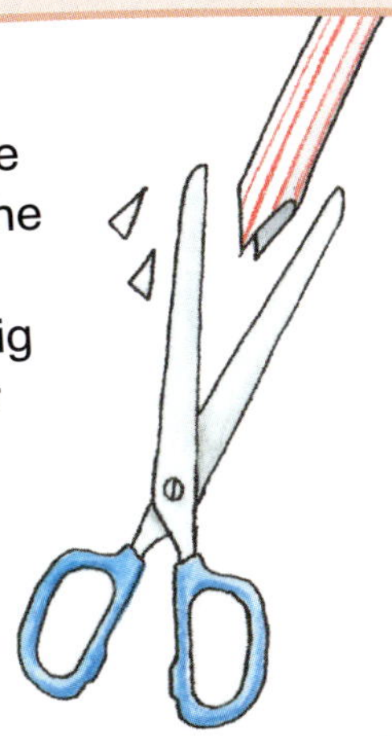

3 Nimm das spitze, flache Ende vorsichtig in den Mund. **!** Sei achtsam dabei!

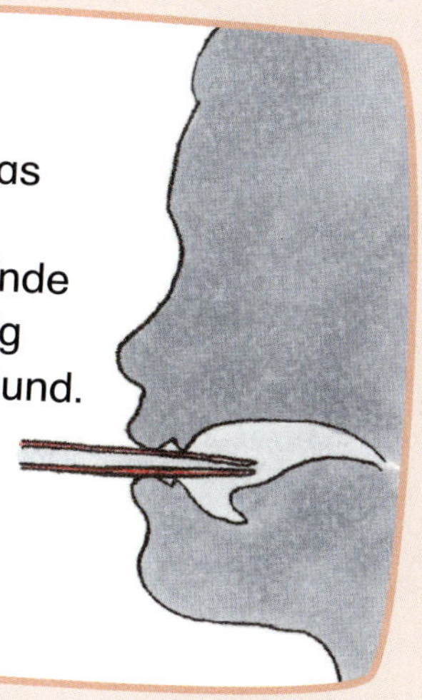

4 Puste kräftig in den Trinkhalm hinein.

Schon gewusst?

Ganz ähnlich wie im Experiment wird bei vielen Holzblasinstrumenten ein Ton erzeugt: durch ein schwingendes Blättchen aus Schilf- oder Zuckerrohr, das sich im Mundstück des Instruments befindet.
Bei Blechblasinstrumenten entstehen die Töne durch die schwingenden Lippen des Musikers. Je gleichmäßiger die Lippen schwingen, umso genauer wird der Ton.

Ob diese Blechbläser alle den Ton richtig treffen?

Wie hört man mit dem Stethoskop?

Du brauchst:
- 2 Löffel (aus Metall)
- 1 Schnur (etwa 1 m)
- 1 Helfer

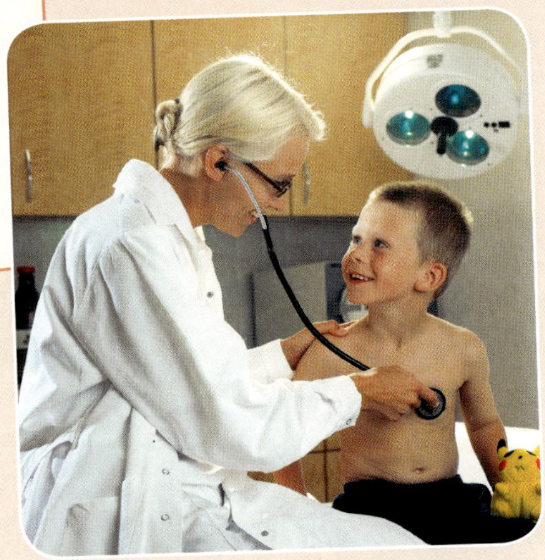

Die Ärztin hört mit dem Stethoskop Atem und Herzschlag.

1

Binde den Löffel in die Schnurmitte. Wickele je ein Schnurende um einen Zeigefinger.

Was passiert?

Nach dem Anschlagen hörst du ein lautes, glockenähnliches Geräusch. Dein Helfer hingegen hat zwar das Aufeinanderschlagen der Löffel wahrgenommen, das glockenähnliche Geräusch konnte er aber nicht hören.

Warum?

Schlägt man mit einem Gegenstand an den Löffel, versetzt man ihn in Schwingung. Diese Schwingungen werden in unserem Experiment über die Schnur und die Finger direkt zum Trommelfell geleitet. Dadurch hörst du den Ton besonders laut. Der Schall breitet sich also nicht nur in der Luft aus, sondern – besonders gut – auch in festen Stoffen. Deshalb kann der Arzt mit dem Stethoskop gut hören, wie dein Herz schlägt.

2

Stecke dir beide Zeigefinger in die Ohren.

3

Bitte deinen Helfer, den Löffel vorsichtig anzuschlagen.

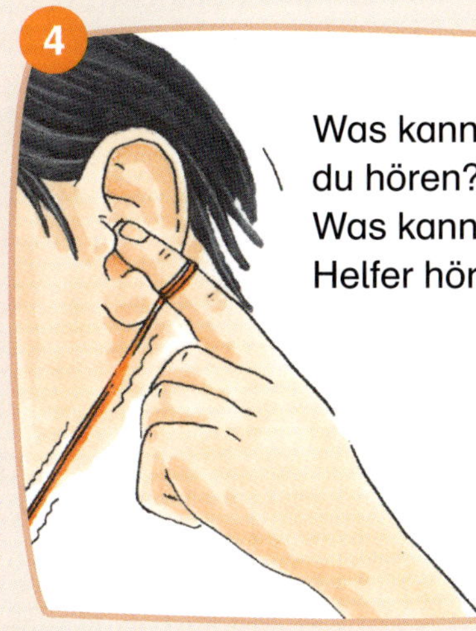

4

Was kannst du hören? Was kann dein Helfer hören?

Schon gewusst?

Schallwellen werden auch in Flüssigkeiten weitergeleitet. Und das sogar unheimlich schnell: Der Schall bewegt sich im Wasser ungefähr viermal schneller als in der Luft! Allerdings funktioniert die Schallübertragung von der Luft ins Wasser nur sehr schlecht. Wenn du zum Beispiel im Schwimmbad den Kopf unter Wasser hältst, kannst du das Gespräch von zwei Menschen über Wasser – also an der Luft – nicht hören.

Wale verständigen sich unter Wasser über Hunderte von Kilometern.

Wie weit ist ein Gewitter entfernt?

Du brauchst:
- 1 Stoppuhr
- 1 langes Maßband
- 10–20 Butterbrottüten
- 1 Stift
- 1 Notizblock
- 1 Helfer

Zuerst sehen wir den Blitz, dann hören wir den Donner.

1 Miss eine 300-m-Strecke ab. Stelle dich mit der Stoppuhr an ein Ende. Du kannst die Strecke auch mit 300 großen Schritten abmessen.

Mama hat gesagt, man muss zwischen Blitz und Donner die Sekunden zählen.

Was passiert?

Führe den Versuch 10- bis 20-mal durch. Da der Zeitraum sehr kurz ist, musst du gut aufpassen. Bestimmt ist es schwierig, die Zeit exakt zu stoppen, und deine Messungen sind etwas unterschiedlich. Doch eines wirst du feststellen: Der Knall ist später zu hören, als das Platzen der Tüte zu sehen ist – etwa eine Sekunde.
Wenn du keine Stoppuhr hast, dann zähle einfach die Sekunden, indem du langsam „einundzwanzig, zweiundzwanzig“ sprichst.

Warum?

Wenn wir die Tüte platzen sehen, gelangt Licht von diesem Gegenstand in unser Auge. Was wir hören, sind die Schallwellen, die von der platzenden Tüte in unser Ohr dringen. Im Vergleich zum Licht ist der Schall sehr langsam. In einer Sekunde schafft er ungefähr 340 Meter. Das Licht dagegen legt in einer Sekunde rund 300 000 Kilometer zurück! Deswegen sehen wir zuerst die Tüte platzen, bevor wir das dazugehörige Geräusch hören.

2

Dein Helfer steht am anderen Ende und bläst die Butterbrottüte auf.

3

Beginne zu stoppen, wenn du die Tüte platzen **siehst.**

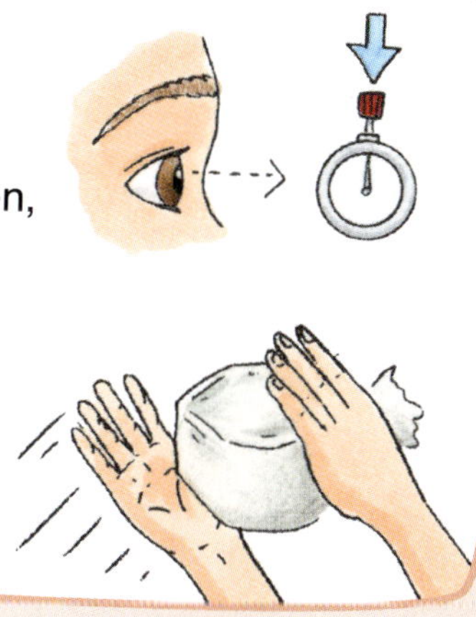

4

Drücke auf Stopp, wenn du den Knall **hörst.** Notiere die genaue Zeit.

Schon gewusst?

Manche Flugzeuge können schneller fliegen, als der Schall sich bewegt. Die Schallgeschwindigkeit beträgt pro Sekunde 340 Meter, das sind ungefähr 1225 km/h in der Stunde. Man spricht hier auch von der sogenannten Machzahl. Bei Mach 2 fliegt ein Flugzeug bereits doppelt so schnell wie der Schall und schafft rund 2450 km/h. In dieser Zeit könntest du etwa viermal zwischen München und Hamburg hin- und herfliegen.

Ein Überschallflugzeug beim Start

hell

Mit hell und dunkel bezeichnest du die unterschiedlichen Stufen des Lichts. Ohne Licht ist es für dein Auge dunkel. Du siehst nichts oder nur sehr wenig. Wenn es hell ist, also bei vollem Licht, kannst du alles sehen. Zudem siehst du bei Licht auch alle Dinge farbig. Mit zunehmender Dämmerung jedoch verlieren die Dinge ihre Farbe. Und alles erscheint grau!

Pflanzen reagieren auch auf hell und dunkel. Sie wachsen immer dem Licht entgegen. Eine Sonnenblume dreht sich sogar während des Tages nach dem Lauf der Sonne. Man unterscheidet aber nicht nur hell und dunkel, sondern auch natürliches und künstliches Licht. Natürliches Licht spenden die Sonne und ihre Strahlen. Künstliches Licht wird mit Strom erzeugt, etwa von Straßenlaternen und Glühbirnen.

… und dunkel

Wie sehen unsere Augen?

Du brauchst:
- 1 Lupe
- 1 weißes DIN-A4-Blatt
- 1 Fenster
- 1 Helfer

Auf der Netzhaut unseres Auges entsteht ein auf dem Kopf stehendes Bild.

1 Verdunkle alle Fenster im Zimmer – bis auf eines.

Was passiert?

Wenn ihr den richtigen Abstand zwischen Blatt und Lupe gefunden habt, entsteht ein scharfes Bild auf dem Papier – zum Beispiel von einem Baum vor dem Fenster oder vom Fensterrahmen. Das Verblüffende ist jedoch, dass das Bild auf dem Kopf steht. Wie kann das sein?

Warum?

Die einfallenden Lichtstrahlen kreuzen sich in der Lupe und stellen das Bild auf den Kopf. Stell dir die Strahlen wie kleine Linien vor. Ziehe eine Linie vom obersten Punkt des Baumes durch die Linse der Lupe auf das Blatt. Der Punkt ist auf dem Blatt ganz unten.

So funktioniert auch unser Auge. Das Licht fällt durch die Pupille und trifft auf die Netzhaut. Das Bild steht hier noch auf dem Kopf. Doch unser Gehirn dreht es blitzschnell um.

2

Stelle dich etwa 2 m vors Fenster.
Dein Helfer steht 2 m hinter dir.

3

Dein Helfer hält das Blatt hoch.
Nimm die Lupe.

4

Bewegt den Abstand zum Blatt, bis ein scharfes Bild erscheint.

Schon gewusst?

Stell dir vor: Wir sind an einer winzigen Stelle im Auge blind! Von jedem Gegenstand, den wir sehen können, fällt Licht durch die Pupille ins Auge. Auf der Netzhaut unseres Auges befinden sich Zellen, die über den Sehnerv dem Gehirn Helligkeit und Farbe des Lichts mitteilen. Dort, wo der Nerv an die Netzhaut anschließt, sitzen keine Sehzellen. Doch das Gehirn „füllt“ diesen blinden Fleck einfach mit Informationen aus.

Chamäleons können bis zu 1 km weit scharf sehen.

Weshalb haben wir zwei Augen?

Du brauchst:
- 1 Blatt Papier

Die Biathletin kneift beim Zielen ein Auge zu.

1

Rolle das Blatt zu einer Röhre.

Was passiert?

Wenn du nur mit dem einen Auge durch die Röhre siehst, erkennst du einen kleinen kreisrunden Ausschnitt deiner Umgebung. Wenn du mit dem anderen Auge schaust, kannst du deine Umgebung sowie deine Hand aus nächster Nähe sehen. Wenn du beide Augen gleichzeitig öffnest und dich auf deine rechte Hand konzentrierst, nimmst du auf einmal ein Loch in deiner rechten Hand wahr.

Warum?

Mit zwei Augen können wir dreidimensional, also räumlich sehen. Jedes Auge sieht aus einem etwas anderen Blickwinkel auf einen Gegenstand. So entstehen zwei sehr ähnliche, aber dennoch leicht unterschiedliche Bilder. Unser Gehirn setzt die einzelnen Bilder zu einem gemeinsamen Bild zusammen. Im Experiment täuschen wir das Gehirn. Nun muss es zwei sehr unterschiedliche Bilder zu einem Bild zusammenfügen. So gelangt ein Loch in die Hand.

2 Halte die Röhre mit der rechten Hand vor dein linkes Auge.

3 Kneife mal das rechte, mal das linke Auge zu.

4 Öffne beide Augen. Blicke mit dem rechten Auge auf deine rechte Hand.

Schon gewusst?

Wenn du eine Entfernung abschätzen möchtest, brauchst du zwei Augen. Zwar sehen beide Augen ein und denselben Gegenstand. Aber sie sehen ihn jeweils von einem etwas anderen Blickwinkel aus – und das hilft dir bei Entfernungen. Wenn du nur mit einem Auge auf den Gegenstand siehst, ist es viel schwieriger zu schätzen, wie weit dieser Gegenstand von dir entfernt ist. Dafür kannst du mit einem zugekniffenen Auge besser zielen!

Das Auge einer Fliege besteht aus über 3000 Einzelaugen.

Warum verändern sich Pupillen?

Du brauchst:
- 1 Lampe
- 1 Handspiegel

1 Verdunkle den Raum, sodass du noch ein wenig erkennen kannst.

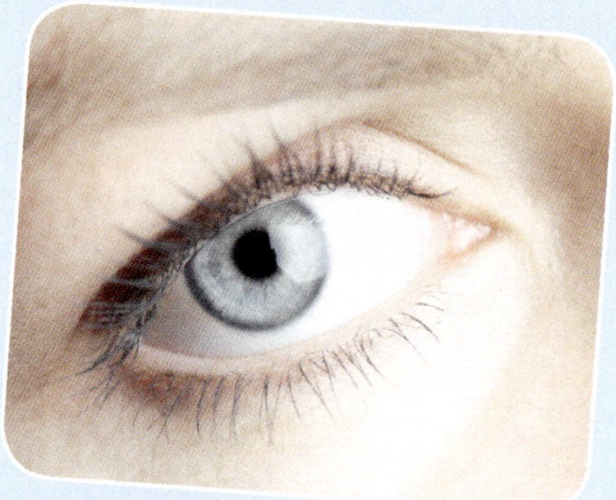

Je mehr Licht ins Auge fällt, desto kleiner ist die Pupille.

Was passiert?

Im dunklen Raum sind deine beiden Augen, genauer gesagt deine Pupillen, ganz groß. Du kannst im Spiegel zwei dunkle, große Punkte erkennen. Wenn du das Licht anschaltest, ziehen sich die Pupillen schlagartig zusammen, und du siehst im Spiegel einen kleinen dunklen Punkt in jedem Auge.

Warum?

Deine Pupillen sind wie kleine Löcher, durch die Licht ins Innere des Auges fallen kann. Um die Pupille herum liegt ein farbiger Ring, Regenbogenhaut oder Iris genannt. Wenn es dunkel ist, zieht sich die Iris zusammen und vergrößert die Pupille. So gelangt mehr Licht ins Auge, und du siehst besser. Wird es hell, breitet sich die Iris aus. Somit wird die Pupille kleiner, und das Auge wird vor zu viel Helligkeit geschützt.

2 Schau dir deine Pupillen im Spiegel an.

3 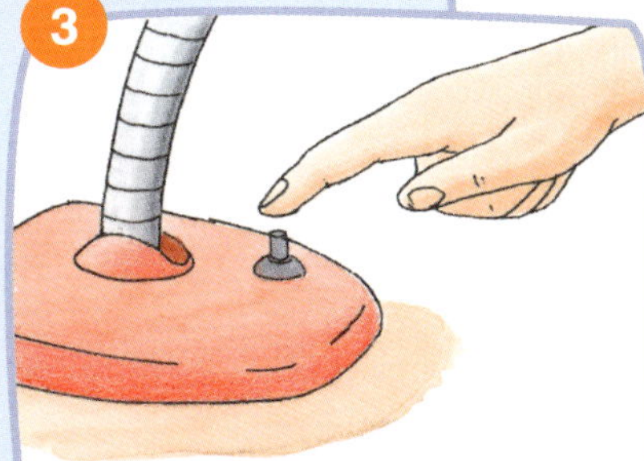

Knipse die Lampe an.

4 Sieh dir deine Pupillen noch einmal im Spiegel an.

Schon gewusst?

Katzen haben ganz spezielle Augen. Bei Helligkeit werden ihre Pupillen nicht klein und rund, sondern schlitzförmig. Dadurch fällt noch weniger Licht in die Augen.
Im Dunkeln sehen Katzen besonders gut. Sie besitzen in jedem Auge eine sogenannte reflektierende Schicht, die jeden noch so kleinen Lichtstrahl doppelt nutzt – ähnlich wie ein Spiegel. Deshalb können Katzen auch in der Dämmerung und bei Nacht außergewöhnlich gut und scharf sehen.

Die Pupillen der Katze ziehen sich schlitzförmig zusammen.

Was ist eine Fata Morgana?

Du brauchst:
- 1 Münze
- 1 Glas

Unter Wasser sieht der Löffel ganz anders aus.

1 Stelle das Glas mit der Öffnung nach oben auf die Münze.

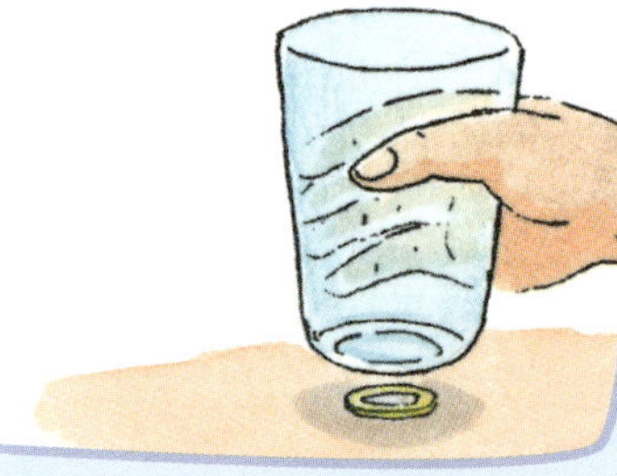

Was passiert?

Wenn du die Münze unter dem leeren Glas betrachtest, kannst du sie gut erkennen. Doch sobald du das Glas mit Wasser füllst, verschwindet die Münze wie durch Zauberei. Der Boden des Glases sieht nun irgendwie silbern aus. Wenn der Zaubertrick mit deinem Glas nicht gleich funktionieren sollte, dann probiere mal ein anderes Glas, zum Beispiel ein dünneres oder eines mit einer etwas anderen Form.

Warum?

Jeder Gegenstand, den wir sehen können, sendet Licht aus. Wenn wir die Münze sehen, gelangt das Licht direkt von der Münze in unser Auge. Wird das Glas aufgefüllt, dann muss das Licht auch noch durch das Wasser hindurch. Das Wasser lenkt die Lichtstrahlen so stark in eine andere Richtung, dass sie nicht mehr in unser Auge treffen können. Also wird die Münze – von der gleichen Stelle aus betrachtet – für unser Auge unsichtbar!

Schon gewusst?

Was ist eine Fata Morgana? Bei einer Fata Morgana sehen wir etwas, das gar nicht da ist. Das passiert oft an sehr heißen oder sehr kalten Orten, an denen heiße und kalte Luftschichten aufeinanderliegen (etwa in der Wüste). Zwischen unterschiedlich warmen Luftschichten können Lichtstrahlen genauso wie im Wasser abgelenkt werden. Dadurch werden Dinge an einem anderen Ort sichtbar, wo sie in Wirklichkeit gar nicht sind.

Ist das eine schwebende Insel oder eine Fata Morgana?

Welche Farbe hat das Licht?

Du brauchst:

- 1 DIN-A4-Blatt
- 1 Glas mit dünnen, glatten Wänden
- Wasser
- 1 Pappe (etwa 7 cm x 15 cm)
- Klebeband

Bei Sonne und Regen kann man oft einen Regenbogen sehen.

1

Stelle das Glas auf das Blatt in die Sonne. Fülle das Glas mit Wasser.

Was passiert?

Steht das Wasserglas in der Sonne, wirst du auf dem Papier ein sogenanntes Farbspektrum sehen – die Farben des Sonnenlichts: Rot, Orange, Gelb, Grün, Blau und Violett. Funktioniert das Experiment nicht gleich, musst du vielleicht das Glas ein wenig bewegen, bis es an der richtigen Stelle steht. Oder die Sonne scheint nicht stark genug, dann probiere es einfach mal mit einer Taschenlampe.

Warum?

Das Sonnenlicht ist nicht weiß, sondern eine Mischung aus mehreren Farben: Rot, Orange, Gelb, Grün, Blau und Violett – den Regenbogenfarben. Wie im Experiment mit der Münze muss das Licht durch das Wasser hindurch. Dabei wird es von seinem Weg abgelenkt, man sagt auch: gebrochen. Die einzelnen Lichtfarben werden dabei unterschiedlich stark abgelenkt. So sieht man die Farben schön nebeneinander aufgereiht – wie im Regenbogen.

2

Schneide in die Pappe einen Schlitz (1 cm x 10 cm).
! Vielleicht hilft dir jemand dabei!

3

Klebe die Pappe seitlich an das Glas.

4

Betrachte den Streifen des Sonnenlichts auf dem Papier.

Schon gewusst?

Das natürliche Licht der Sonne lässt sich nicht so leicht nachmachen. Zum Beispiel fehlen im Farbspektrum einer Energiesparlampe meist die roten Farbanteile. Deshalb erscheinen rote Flächen in ihrem Licht eher bräunlich, und gelbe Farbtöne wirken leicht orange.
Zwar gibt es inzwischen Leuchten mit den Lichtfarben Warmweiß oder Extra-Warmweiß. Doch auch sie reichen nicht ganz an das natürliche Licht der Sonne heran.

Ein Glasprisma spaltet Licht in die Regenbogenfarben auf.

Wachsen Pflanzen immer nach oben?

Du brauchst:

- 1 Schuhkarton
- 1 kleinen Pflanzentopf
- Erde
- 1 Kartoffel mit Trieben
- Pappe
- Klebeband
- 1 Schere

Pflanzen wachsen immer zum Licht.

1

Pflanze die Kartoffel mit feuchter Erde in den Topf.

Ich habe bei den Pflanzen hier nachgesehen: Sie wachsen alle nach oben!

Was passiert?

Nach ein paar Tagen hat der Keim der Kartoffel ausgetrieben. Sobald du den Schuhkarton öffnest, kannst du den Zickzackkurs sehen, den der Keim genommen hat. Vorbei an den einzelnen Papphürden ist er bis vor ans Licht gewachsen. Allerdings sieht der Keim nicht gesund aus: Er ist eher blässlich und nicht wirklich grün. Im geschlossenen Karton war es zu dunkel!

Warum?

Pflanzen besitzen lichtempfindliche Zellen. Sie bemerken, woher das Licht kommt. Sobald die Pflanze diese Information hat, lenkt sie ihr Wachstum zum Sonnenlicht. Die Sonne ist für Pflanzen sehr wichtig. Neben Wasser, dem Sauerstoff aus der Luft und Nährstoffen aus dem Boden brauchen Pflanzen Licht fürs Überleben. Deshalb wachsen sie schnell nach oben. Bestrahlst du eine Pflanze von der Seite mit Licht, wächst sie zur Seite.

2 Klebe 2 kleine Pappstücke in den Karton. Schneide ein Loch in die Wand.
! Vielleicht hilft dir jemand dabei!

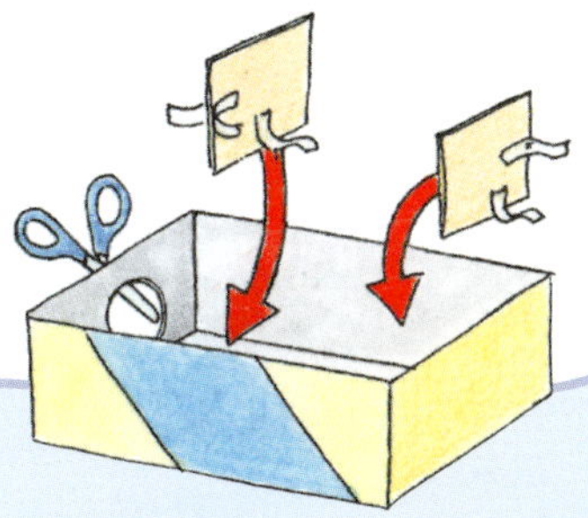

3 Stelle den Topf ans andere Ende im Karton.

4 Schließe den Deckel und stelle den Karton ans Licht.

5 Was hat sich nach ein paar Tagen im Karton verändert?

Schon gewusst?

Sonnenblumen richten ihre Blüten und Blätter nach dem Tageslauf der Sonne aus. Dies bedeutet, dass sie sich den Tag über immer der Sonne entgegendrehen. Man sagt dazu auch Heliotropismus, was so viel bedeutet wie Hinwendung zur Sonne. So kann die Sonnenblume mehr Sonnenlicht aufnehmen. In der Nacht wandern die Blütenknospen und Blätter wieder nach Osten zurück, um der Sonne am nächsten Morgen an der richtigen Stelle zu begegnen.

Die Sonnenblume dreht sich mit dem Lauf der Sonne.

voll

Flaschen, Schüsseln und andere Gefäße kannst du füllen, zum Beispiel mit Wasser oder auch mit Obst. Ist eine Flasche mit Wasser gefüllt, ist sie voll. Um die Flasche zu leeren, kannst du das Wasser herausschütten. Da nun kein Wasser mehr in der Flasche ist, sagen wir, sie ist leer. Doch das stimmt nicht ganz. Denn die Flasche ist jetzt bis oben gefüllt mit Luft!

Volle Gefäße kannst du noch voller machen und damit zum Überlaufen bringen. Gibst du jedoch in ein mit Wasser vollgefülltes Glas noch ein paar Eiswürfel, um dein Getränk zu kühlen, fließt kein Tropfen über den Glasrand – auch dann nicht, wenn das gesamte Eis schmilzt.

... und leer

Was passiert, wenn Eis schmilzt?

Du brauchst:

- 1 Glas
- Eiswürfel
- Wasser
- 1 Teller

Der größte Teil eines Eisbergs schwimmt unter Wasser.

1 Stelle das Glas auf dem Teller an einen warmen Ort.

Was passiert?

Obwohl die Eiswürfel teilweise über den Rand des Glases hinausragen, läuft nichts über – auch nicht, wenn das gesamte Eis schmilzt. Der Wasserstand im Glas bleibt während der ganzen Zeit genau gleich.

Warum?

Wasser hat besondere Eigenschaften: Wenn es zu Eis gefriert, dehnt es sich aus. Und zwar ist ein Eisklumpen etwa um zehn Prozent größer als das flüssige Wasser, aus dem er entstanden ist. Trotzdem ist er nicht schwerer. Deswegen schwimmen auch die Eiswürfel im Wasserglas oben und ragen sogar über den Glasrand hinaus. Schmilzt das Eis, nimmt es wieder weniger Platz ein – genau so viel Platz, dass im Experiment das Glas nicht überläuft.

2 Fülle das Glas bis zur Hälfte mit Eiswürfeln.

3 Fülle das Glas randvoll mit Wasser, bis alle Eiswürfel schwimmen.

4 Warte, bis das Eis geschmolzen ist.

Schon gewusst?

Übrigens: Eis schmilzt schneller, wenn man Salz darauf streut! Das Salz zerstört die regelmäßige Anordnung der Eiskristalle, aus denen Eis besteht. Es setzt den Gefrierpunkt des Eises herunter und bringt es zum Schmelzen. Normalerweise – ohne Salz – gefriert Wasser bei 0 Grad Celsius. Mit Salz muss es viel kälter sein, bevor Wasser gefriert. Deswegen wird im Winter oft mit Salz gestreut. Allerdings schadet das den Pflanzen!

Um Straßen im Winter eisfrei zu halten, wird oft Salz gestreut.

Warum wächst der Kuchen im Ofen?

Du brauchst:
- 1 Luftballon
- 1 kleine Flasche
- 1 Tüte Back-pulver
- Tafelessig (etwa 100 ml)
- 1 Trichter

Im Ofen gehen die Brötchen auf und werden schön knusprig.

1

Fülle über den Trichter Essig in die Flasche.

Was passiert?

Du kannst es im Inneren der Flasche sprudeln sehen, und Schaumblasen sind zu erkennen. Der Ballon richtet sich nach einiger Zeit auf, wird immer größer und ist schließlich aufgeblasen. Um das Backpulver leichter in den Ballon schütten zu können, kannst du den Ballon auch erst kurz aufblasen und die Luft wieder entweichen lassen.

Warum?

Essig und Backpulver reagieren miteinander. Da sie sich zu einem neuen Stoff verbinden, fällt die Reaktion sehr heftig aus. Der neue Stoff ist das Gas Kohlendioxid, das sofort sprudelnd nach oben steigt. Es ist dasselbe Gas, das auch aus einer Flasche Mineralwasser entweicht, wenn wir diese öffnen. Da im Experiment die Flasche mit dem Ballon verschlossen ist, strömt das Gas in den Ballon, bis dieser langsam aufgeblasen ist.

2

Schütte vorsichtig Backpulver in den Ballon.

3

Stülpe den Ballon so über die Flasche, dass er schlaff herunterhängt.

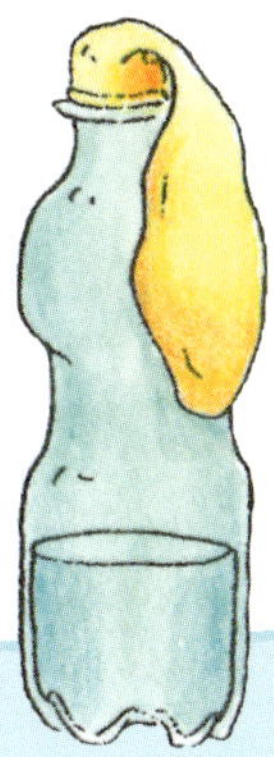

4

Hebe den Ballon an, damit das Backpulver in die Flasche fällt.

Schon gewusst?

Eine ähnliche Wirkung wie das Backpulver hat die Hefe beim Backen. Sie besteht aus vielen Hefepilzen, die gären und Gase erzeugen, wenn sie mit warmer Flüssigkeit in Berührung kommen. Die entweichenden Gase machen den Teig luftig und locker. Da die Hefepilze bei dem Gärvorgang jedoch einen Teil des Teiges „verbrauchen", verwenden viele Bäckerinnen und Bäcker zum Backen lieber Backpulver statt Hefe.

Wenn man Hefeteig ruhen lässt, wird er luftig und locker.

Wie bekommt ein Taucher Luft?

Du brauchst:
- 1 Schüssel
- Wasser
- 1 Glas
- 1 Alu-Schälchen (von einem Teelicht)
- 1 Gummibärchen

Fische erhalten über ihre Kiemen genug Sauerstoff.

1 Fülle Wasser in die Schüssel. Halte das Glas mit der Öffnung nach unten.

Mit dem Schnorchel bekomme ich genug Luft unter Wasser.

Was passiert?

Wenn du das Glas ganz gerade in die Schüssel tauchst, läuft kein Wasser hinein. Selbst wenn du das Glas zusammen mit dem Alu-Boot unter Wasser drückst, bleibt das Gummibärchen trocken. Sobald du das Glas schräg hältst, steigen Blasen auf, und das Glas füllt sich mit Wasser.

Warum?

Das Glas sieht zwar leer aus, es ist aber randvoll mit (unsichtbarer) Luft gefüllt. Deswegen passt kein Wasser ins Glas, wenn du es ganz gerade unter Wasser drückst. Auch das Gummibärchen ist in der Luftblase gut geschützt. Kippst du das Glas, entweicht die Luft nach oben, und das Wasser kann hineinlaufen.
Ähnlich wie im Experiment hat man früher zum Tauchen eine Glocke verwendet. Unter Wasser entstand eine Luftblase, in der der Taucher atmen konnte.

2

Stelle das Glas vorsichtig kopfüber in die Schüssel. Was ist im Glas?

3

Kippe das Glas langsam etwas zur Seite. Was passiert?

4

Lege das Alu-Schälchen mit dem Gummibärchen auf das Wasser.

5

Stülpe vorsichtig das Glas darüber. Was passiert mit dem Gummibärchen?

Schon gewusst?

Heute verwenden die Taucher Sauerstoffflaschen. Diese Flaschen enthalten hoch komprimierten, also stark zusammengedrückten Sauerstoff. In eine 10-Liter-Flasche passt somit eine Sauerstoffmenge von etwa 2000 Litern. Damit kann ein Taucher ungefähr 8 bis 16 Stunden unter Wasser atmen. Die Wände der Sauerstoffflaschen müssen sehr stabil sein, damit sie den Druck des Wassers und den Druck des komprimierten Sauerstoffs aushalten.

Mit einer Sauerstoffflasche kann man lange unter Wasser bleiben.

Wie funktioniert ein Trinkhalm?

Du brauchst:
- 1 Glasflasche
- 1 Trinkhalm
- Wasser
- etwas Knete

Wenn es lecker schmeckt, wird das Glas ganz schnell leer.

1 Fülle Wasser in die Flasche.

Was passiert?

Wenn der Trinkhalm ohne Knetgummi in der Flasche steckt, kannst du problemlos trinken. Ist die Flasche allerdings mit Knete abgedichtet, kommt keine Flüssigkeit mehr nach oben – egal wie stark du auch saugst.

Warum?

Im Trinkhalm und in der Flasche befindet sich über der Flüssigkeit Luft, die auf das Wasser drückt. Wenn du am Halm saugst, ziehst du die Luft aus dem Halm in deinen Mund. Um den Halm herum ist aber noch Luft, die jetzt von oben auf das Getränk drückt. Beim Trinken fließt Luft aus dem Zimmer in die Flasche und presst weiter das Wasser durch den Halm. Mit abgedichtetem Trinkhalm kann keine Luft nachrücken, und das Getränk bleibt unten.

2

Trinke einen Schluck mit dem Trinkhalm. Klappt es?

3

Dichte den Flaschenhals mit Knete ab, sodass nur noch der Trinkhalm hindurchpasst.

4

Versuche, einen Schluck zu trinken. Schaffst du es?

Schon gewusst?

Bestimmt kennst du die Getränketüten, bei denen ein kleiner Trinkhalm dabei ist. Wenn man hier an dem Halm saugt, kann man sehen, wie die Außenluft auf die Tüte drückt und sie sogar etwas zusammenpresst. Man sagt, dass ein Unterdruck in der Tüte entsteht. Erst wenn du aufhörst zu trinken und wieder Luft durch den Halm ins Innere der Trinktüte gelangen kann, erhält diese ihre ursprüngliche Form zurück.

Mit dem Unterdruck einer Saugglocke kann man Rohre reinigen.

Wie fliegt eine Rakete?

Du brauchst:
- 1 Schnur (etwa 10 m)
- 1 Luftballon
- 1 Trinkhalm
- Klebeband
- 1 Helfer

Beim Raketenstart werden riesige Mengen heißer Gase ausgestoßen.

1 Schneide den Trinkhalm durch und fädle beide Hälften auf die Schnur.

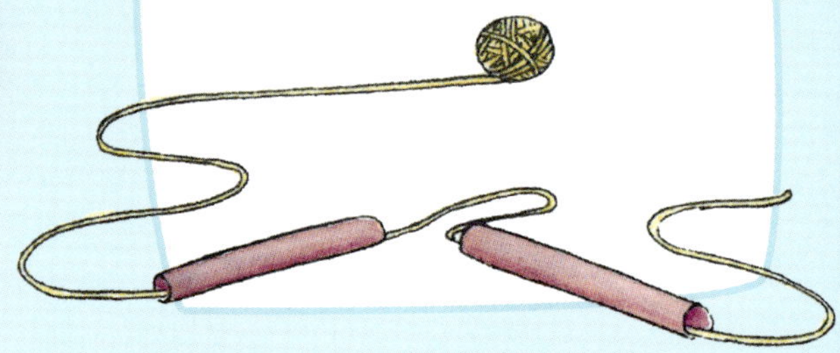

Die Menschen sind mit einer Rakete bis zum Mond geflogen! Wie geht denn das?

Was passiert?

Sobald man den Ballon loslässt, saust er die Schnur entlang – von einem Ende zum anderen. Das geht sehr schnell. Wenn du es nicht richtig gesehen hast, schiebst du deine Rakete am besten noch einmal zum Start zurück, bläst den Ballon erneut auf und wiederholst das Experiment.

Warum?

Wenn man Luft in den Ballon bläst, dehnt er sich aus. Im Inneren des Luftballons herrscht nun ein viel höherer Luftdruck als außen. Sobald du den Ballon loslässt, entweicht die Luft, um den Druck auszugleichen. Da die Luft mit viel Kraft nach hinten ausströmt, bewegt sich der Ballon recht schnell nach vorne. Mit diesem sogenannten Rückstoßprinzip fliegt auch eine Rakete.

2 Spanne die Schnur straff durch das Zimmer – etwa auf Brusthöhe.

3 Dein Helfer bläst den Ballon auf und hält das Ende gut verschlossen.

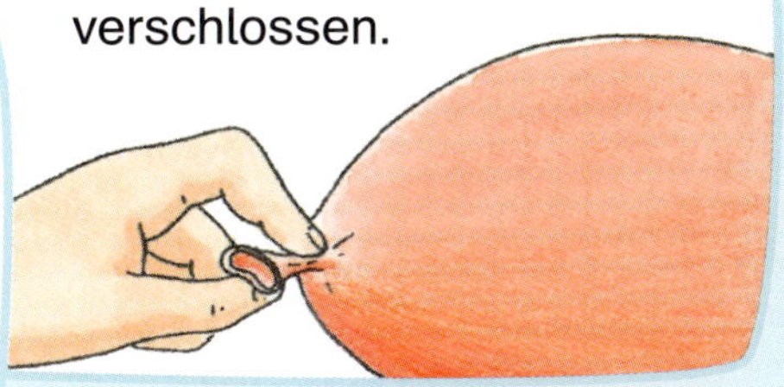

4 Klebe den aufgeblasenen Ballon an den Halmen fest.

5 Dein Helfer kann den Ballon jetzt loslassen.

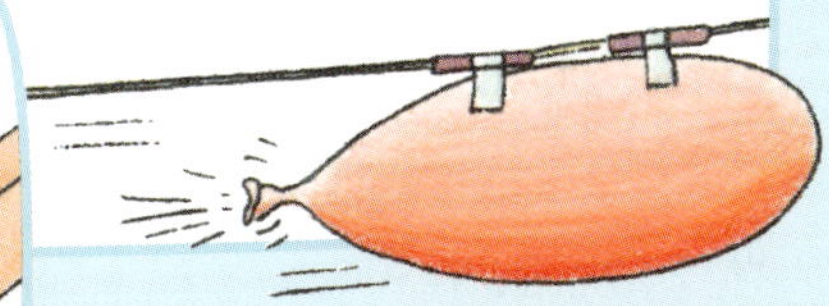

Schon gewusst?

Im Haushalt gibt es auch ein Gerät, das mit dem Rückstoßprinzip arbeitet: die Geschirrspülmaschine! Über dem schmutzigen Geschirr dreht sich ein Arm, der das Wasser gleichmäßig verteilt. Dieser Arm wird jedoch nicht von einem Motor angetrieben, sondern mithilfe des Rückstoßprinzips: Wasser strömt aus kleinen Löchern in dem Arm hinaus und versetzt ihn dadurch in Bewegung.

Tintenfische bewegen sich mit dem Rückstoßprinzip vorwärts.

Wie entsteht ein Wirbelsturm?

Du brauchst:
- 1 große Flasche
- 1 Spülbecken
- Wasser

Der „Rüssel“ des Wirbelsturms reicht von der Wolke bis zum Boden.

1 Leere eine volle Flasche ganz gerade über dem Spülbecken aus.

Was passiert?

Wenn du die volle Flasche ganz gerade über das Spülbecken hältst, läuft das Wasser nur schluckweise heraus. Zwischendrin wirkt es so, als ob die Flasche Luft holen muss: Wasser strömt heraus und Luft hinein. Dabei scheinen sich beide ständig im Weg zu sein. Erzeugst du jedoch durch schnelles Drehen des Flaschenbodens einen Strudel in der Flasche, ist die Flasche etwa doppelt so schnell leer.

Warum?

Wenn man eine volle Flasche „leert“, strömt Wasser aus der Flasche heraus und gleichzeitig Luft in die Flasche hinein. Durch die schnelle Drehung wird das Wasser an die Wand der Flasche gedrückt. Ein kleiner Korridor entsteht, durch den Luft nach innen gelangt – und zwar ohne das auslaufende Wasser zu blockieren.
Ein Wirbelsturm sieht ähnlich aus wie ein Strudel. Er entsteht durch warme, feuchte Luftmassen, die sich mit bis zu 320 km/h um einen Mittelpunkt drehen.

2 Fülle die Flasche wieder auf.

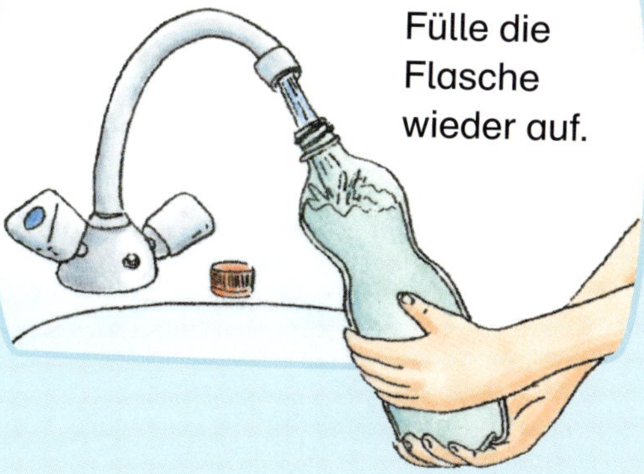

3 Halte die Öffnung fest zu und drehe die Flasche kopfüber.

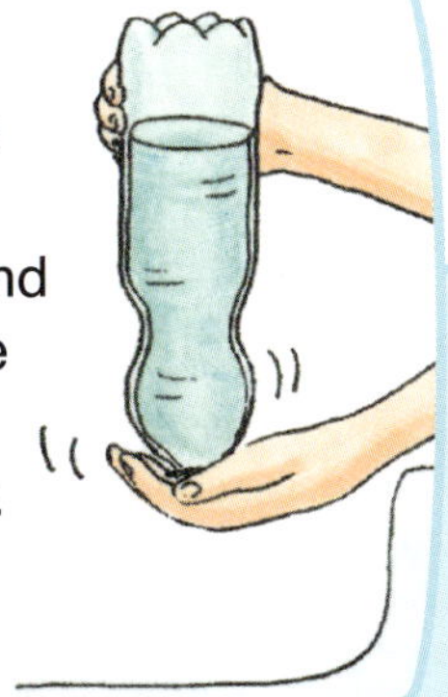

4 Kreise schnell mit dem Flaschenboden und lass das Wasser ausströmen.

Schon gewusst?

Wusstest du, dass selbst in eurem Badezimmer ein kleiner Wirbelsturm toben kann? Und zwar im Badewannenabfluss! Wenn du nach einem Bad das Wasser aus der Wanne abfließen lässt, kannst du eine kleine, sich drehende Wassersäule über dem Abfluss sehen. Das Wasser läuft auf diese Weise schneller ab.

Auf dem Satellitenbild sieht man den Wirbelsturm von oben.

nass

Schüttest du Wasser auf ein Blatt Papier, wird es nass. Legst du es eine Zeit lang in die Sonne, trocknet es wieder. Nass und trocken sind Eigenschaften, die immer mit Flüssigkeit zu tun haben. Die wichtigste Flüssigkeit auf der Erde ist Wasser. In manchen Ländern gibt es viel Wasser, andere Länder haben zu wenig Wasser.

Mit Wasser wachsen Pflanzen. Und Samen können unglaubliche Kräfte entwickeln, wenn sie nass werden. Wir trinken Wasser, waschen uns und unsere Kleidung mit Wasser, und unser Körper besteht im Schnitt zu über 70 Prozent daraus. Unser Wetter wird bestimmt von trockener Luft und nassen Niederschlägen. Wasser verdampft, steigt nach oben, sammelt sich in einer Wolke und fällt als Regen, Schnee oder Hagel wieder zurück auf die Erde.

... und trocken

Wie wird die Wäsche trocken?

Du brauchst:
- 1 Apfel
- 1 Brettchen
- 1 Messer
- Backpapier
- 1 Erwachsenen

Auf einer Wäscheleine im Wind trocknet die Wäsche gut.

1 Schneide den Apfel in dünne Scheiben.
! Lass dir von einem Erwachsenen helfen!

Was passiert?

Nach ein paar Tagen sind deine Apfelscheiben getrocknet. Draußen wird es am besten funktionieren, wenn die Sonne scheint und ein leichter Wind weht. Übrigens: Sollte es die ganze Zeit bewölkt sein, kannst du ein paar Apfelstücke auch auf die Heizung legen. Und im Ofen dürfen die Scheiben nicht allzu lange bleiben. Sie verbrennen sonst!

Warum?

Obst besteht auch aus Wasser. Um Trockenobst zu bekommen, muss das Wasser aus den Früchten heraus. Aber wo bleibt es? Die winzigen Wasserteilchen werden an die Luft abgegeben. Bei der Wäsche ist das ähnlich. In geschlossenen Trockenräumen kann man die Feuchtigkeit in der Luft richtig spüren. Der Wind unterstützt den Trocknungsprozess zusätzlich. Er sorgt dafür, dass die kleinen Wasserteile aus der Frucht oder aus dem Stoff abtransportiert werden.

2 Lege ein paar Scheiben auf etwas Backpapier draußen in die Sonne …

3 … sowie draußen an einen schattigen, trockenen Platz.

4 Lege ein paar Scheiben kurze Zeit in den vorgeheizten Backofen.

5 Beobachte die Scheiben regelmäßig. Was hat sich nach ein paar Tagen verändert?

Schon gewusst?

Ein Obsttrockner ist ein elektrisches Gerät, mit dem man Trockenobst (Trockenfrüchte) selbst herstellen kann. Dazu wird das frische Obst gewaschen, geschält, kleingeschnitten und auf die Etagen des Obsttrockners verteilt. Sobald der Trockner eingeschaltet ist, strömt trockene und warme Luft durch die einzelnen Etagen und entzieht den Obststücken langsam die Feuchtigkeit.

Auch Feigen, Pflaumen, Aprikosen und Bananen kann man trocknen.

Wie verändern sich Bohnen im Wasser?

Du brauchst:

- getrocknete Bohnen
- 1 Glas
- Wasser
- 1 Stift
- Papier
- 1 Lineal

Probiere mal aus, was mit Gummibärchen im Wasser passiert.

1

Miss die Länge einer getrockneten Bohne und notiere den Wert.

Was passiert?

Die getrocknete Bohne ist am kleinsten bei deinen Messungen. Je länger die Bohnen im Wasser lagen, desto größer sind sie. Mache das Experiment doch noch einmal und vergleiche dabei das Gewicht der Bohnen. Am besten nimmst du dabei mehr als nur drei Bohnen.

Warum?

Die Bohnen sind die Samen der Bohnenpflanze. In ihrem Inneren „wartet" der Keim auf die optimalen Bedingungen. Kommen die Bohnen mit Wasser in Berührung, nehmen sie dieses auf und sorgen dafür, dass der Keim zu wachsen beginnt. Dies ist ein Sicherheitsmechanismus. Wäre nicht genügend Wasser vorhanden, würde der Keim kaputtgehen. Je länger die Bohnen im Wasser liegen, desto mehr saugen sie sich voll.

2 Gib 3 Bohnen in das mit Wasser gefüllte Glas.

3 Entnimm nach einer Stunde eine Bohne und notiere ihre Länge.

4 Entnimm nach 3 und nach 6 Stunden die nächsten Bohnen. Wie groß sind sie?

Schon gewusst?

Eine Pflanze, die optimal Feuchtigkeit und Wasser ausnutzt, ist der Kaktus. Nur so kann er in den trockensten Wüstenregionen gedeihen. Für sein Überleben verfolgt der Kaktus eine clevere Strategie: Sobald es einmal regnet, saugt er das ganze verfügbare Wasser über die Wurzeln auf und speichert es in seinem Körper. Dieser Wasservorrat rettet ihn über längere Trockenzeiten hinweg.

In seinem runden Körper kann der Kugelkaktus viel Wasser speichern.

Wie viel Kraft haben Pflanzen?

Du brauchst:
- getrocknete Bohnen
- 1 alte Schüssel
- 1 Joghurtbecher
- Wasser
- Gips
- 1 Löffel
- 1 Erwachsenen

Eine Pflanze kann sogar Asphalt sprengen!

1 Rühre in der Schüssel den Gips mit Wasser an. ! Lass dir von einem Erwachsenen helfen!

Was passiert?

Nach ein paar Tagen wirst du feststellen, dass der Gips deutliche Risse bekommen hat. Vielleicht ist sogar der Joghurtbecher geplatzt!

Warum?

Die Bohnen sind die Samen der Bohnenpflanze. Im getrockneten Zustand befinden sie sich in einer Art „Ruhestand". Wenn man ihnen Wasser gibt, quellen sie und beginnen mit enormer Kraft zu keimen und zu wachsen. Der Druck der keimenden Samen wird so groß, dass der Gips Risse bekommt. Jetzt kann der Keimling zum Licht wachsen.

2 Fülle den dicken Gipsbrei in den leeren Becher.

3 Drücke eine Handvoll getrockneter Bohnen in den Gips.

4 Lass den Gips trocknen.

5 Gieße den getrockneten Gips jeden Tag ein wenig.

Schon gewusst?

Je nach Pflanzenart kann der Samen noch über viele Jahre seine Keimkraft behalten. Unter den Gemüsearten gelten die Nachtschattengewächse wie Tomaten, Auberginen und Paprika mit einer Keimfähigkeit von über fünf Jahren als sehr langlebig. Auch Knospen, in denen geschützt die Blüten oder Laubblätter einer Pflanze liegen, können als sogenannte „schlafende Augen" bis zu einem Jahrhundert überdauern.

Sobald die Bedingungen gut sind, öffnen sich die Knospen.

Wie trinken Pflanzen?

Du brauchst:
- 1 hohes Glas
- Wasser
- Lebensmittelfarbe (z. B. rot oder blau)
- 1 weiße Blume (z. B. Nelke oder Tulpe)

Blüten werden durch die Stängel der Blume mit Wasser versorgt.

1 Fülle das Glas mit Wasser und gib etwas Lebensmittelfarbe dazu.

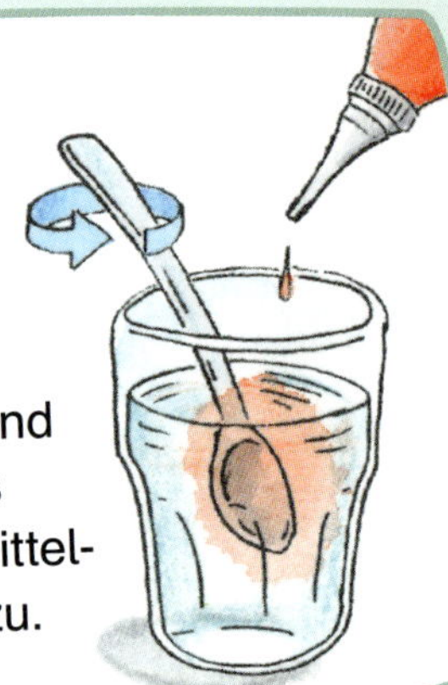

Was passiert?

Es dauert schon ein Weilchen, bis die Blüte anfängt sich zu verfärben. Nach etwa zwei Stunden kannst du wahrscheinlich entdecken, dass einige Äderchen in der weißen Blüte bereits farbig werden. Nach ungefähr acht Stunden haben die Blätter der Blüte dann ganz die Farbe des eingefärbten Wassers angenommen.

Warum?

Über ihre Wurzeln nimmt eine Blume Wasser aus der Erde auf und saugt es durch den Stängel bis in die Blüte. Jeder Teil der Pflanze wird so mit Wasser versorgt. Obwohl die Blume in dem Glas keine Wurzeln mehr hat, funktioniert der Wassertransport auf diese Weise. Sehr winzige, feine Röhrchen im Stängel, die sogenannten Kapillaren, saugen das Wasser bis ganz nach oben. Je dünner die Kapillaren sind, desto höher steigt das Wasser.

2

Stelle die weiße Blume in das Glas.

3

Wie sieht die Blume nach 2 Stunden aus?

4

Schau noch mal nach etwa 8 Stunden nach.

Schon gewusst?

Pflanzen sind wahre Wunderwerke. Geräuschlos und energiesparend saugen sie Wasser bis in eine Höhe von über 100 Metern. Der Mensch dagegen kann mithilfe einer Pumpe gerade einmal acht Meter überwinden. Eine Pumpe zieht das Wasser mit Unterdruck hoch. Pflanzen hingegen nutzen eine Kombination aus Kapillaren, Wurzeldruck und dem Sog, der durch die Verdunstung des Wassers an den Blättern entsteht.

Mammutbäume pumpen Wasser bis zu 100 m hoch.

Können Pflanzen schwitzen?

Du brauchst:
- 1 Gefrierbeutel
- 1 Stück Schnur
- 1 Zweig mit Blättern

Über die Wurzel nimmt der Baum Wasser aus dem Boden auf.

1 Suche im Garten einen Zweig mit vielen Blättern.

Was passiert?

An den Wänden des Gefrierbeutels haben sich kleine Wassertropfen abgesetzt. Übrigens: Wenn du keinen Gefrierbeutel hast, kannst du auch eine andere Tüte aus Plastik nehmen. Gut wäre, wenn sie durchsichtig ist.

Warum?

Pflanzen benötigen Wasser zum Wachsen. Sie nehmen es über die Wurzeln auf und leiten es bis in die Zweige und Blätter. Über die Blätter können Pflanzen Wasser auch wieder abgeben – so wie es Menschen und Tiere beim Atmen und Schwitzen tun. Das nach außen tretende Wasser verdunstet schnell. Normalerweise sehen wir das nicht, aber im Experiment setzt sich das Wasser in Form von Tröpfchen in der Tüte ab. Man sagt, es kondensiert.

2 Stülpe den Beutel am besten abends über den Zweig.

3 Verschließe den Beutel fest mit einer Schnur.

4 Was kannst du am nächsten Tag beobachten?

Schon gewusst?

Eine ganz schön nasse Angelegenheit kann so ein Baum an einem heißen Tag sein! Eine Birke zum Beispiel gibt pro Tag 60 bis 70 Liter Wasser ab. Und ein ganzer Hektar Buchenwald (also eine 100 Meter mal 100 Meter große Fläche) verdunstet täglich etwa 20 000 Liter. Stell dir einmal 20 000 Milchtüten vor – dann weißt du ungefähr, was für eine große Menge das ist!

Über viele Tausend Blätter des Baums verdunstet viel Wasser.

Wie wird morgen das Wetter?

Du brauchst:
- 1 Kiefernzapfen
- 1 Trinkhalm
- etwas Klebstoff
- 1 leere Klopapierrolle
- 1 Schachtel
- 1 Stift

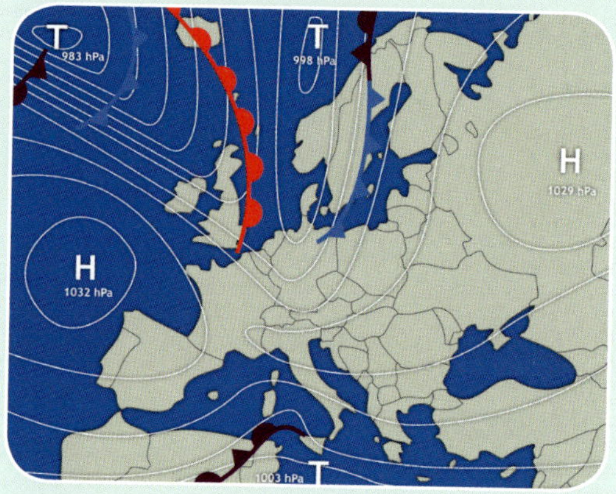

Eine Wetterkarte mit Hoch- (H) und Tiefdruckgebieten (T)

1 Lege den Zapfen in die Sonne oder auf die Heizung, bis er ganz geöffnet ist.

Was passiert?

Bei deiner „Wetterstation“ kannst du Folgendes beobachten: Wenn es in der nächsten Zeit regnen wird, zeigt der Trinkhalm nach oben. Wenn aber die Sonne scheint und es trocken ist, steht er seitlich ab. Wenn sich der Trinkhalm schlecht an einer Schuppe befestigen lässt, beobachte einfach, wie sich der Zapfen bei feuchtem sowie bei trockenem Wetter verändert.

Warum?

Pflanzen wollen, dass sich ihre Samen möglichst gut verbreiten. Die Samen eines Nadelbaums befinden sich in den Zapfen, meist hinter den Schuppen. Bei schlechtem Wetter schützt der Zapfen seine Samen. Die Feuchtigkeit lässt das Holz quellen und sorgt dafür, dass sich die Schuppen schließen. Bei schönem, trockenem Wetter können die oft geflügelten Samen gut fliegen. Dann öffnet sich der Zapfen, damit sich die Samen weit verbreiten.

2 Klebe den Trinkhalm mit etwas Klebstoff innen an eine Schuppe des Zapfens.
❗ Verwende nur wenig Klebstoff!

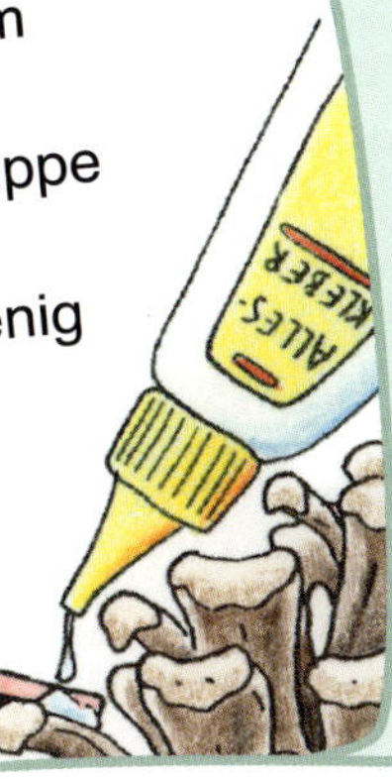

3 Zeichne eine Maßeinteilung in die Schachtel.

4 Setze den Zapfen auf der Klopapierrolle in die Schachtel.

5 Stelle die Schachtel nach draußen an eine geschützte Stelle.

Schon gewusst?

Für die Wettervorhersage nutzt man Wetterstationen auf der Erde, Satelliten im Weltall und riesige Computer. Die Satelliten sowie die Wetterstationen messen in regelmäßigen Abständen zum Beispiel Temperatur, Luftfeuchtigkeit, Luftdruck und Wolkenbildung. Aus den vielen Messwerten berechnet der Computer den Zustand für mehrere Tage und für große Gebiete und kann schließlich eine Wettervorhersage ableiten.

Über ganz Deutschland verteilt gibt es etwa 200 Wetterstationen.

Warum regnet es nicht durch den Schirm?

Du brauchst:
- 1 kleines, engmaschiges Küchensieb
- Wasser
- Speiseöl
- Spülmittel

Halten gut den Regen ab: imprägnierte Kleidung und Gummistiefel!

1 Gib etwas Speiseöl in das Küchensieb und verreibe es vorsichtig.

Was passiert?

Ist das Küchensieb mit Öl eingerieben, sodass alle Löcher im Sieb geschlossen sind, kannst du Wasser hineingießen, ohne dass es heraustropft. Gibst du jedoch etwas Spülmittel hinzu, wird das Sieb undicht, und das Wasser läuft heraus.

Warum?

Das Öl im Sieb bildet eine Art Schutzfilm. Öl ist nicht in Wasser löslich, sondern stößt dieses sogar ab. Der durchgehende Ölfilm sorgt dafür, dass das Wasser das Sieb nicht berührt. Gibst du Spülmittel dazu, wird der Ölfilm zerstört, und das Wasser dringt durch die Löcher des Siebs. Schirme oder Regenkleidung werden mit künstlichen Schutzfilmen versehen (man sagt auch imprägniert), sodass kein Wasser durch den Stoff gelangen kann.

2 Lass ganz langsam etwas kaltes Wasser hineinlaufen.

3 Was passiert mit dem Wasser im Sieb?

4 Gib etwas Spülmittel in das Wasser im Sieb.

Schon gewusst?

Öl oder Fett zum Schutz vor Flüssigkeiten einzusetzen, ist nicht unüblich: Lederschuhe fetten wir ein, um Feuchtigkeit abzuhalten. Ein Auto wird mit Wachs behandelt. Auch viele Tiere schützen sich nach diesem Prinzip. Vögel stellen in einer Drüse ihr eigenes Fett her, mit dem sie ihre Federn bestreichen. Dies schützt die Federn vor Nässe und hält das Gefieder – auch nach ausgedehnten Badezeiten – schön trocken.

Das Fell des Eisbären ist sehr dicht, ölig und wasserabweisend.

fest

Wasser ist normalerweise flüssig. Zu Eis gefroren ist es aber fest. Und wenn man es kocht, verdampft es, und du kannst es nicht mehr sehen. Dann ist es zu einem Gas geworden. Gase sind unsichtbar. Am Beispiel des Wassers lässt sich gut beobachten, dass sich der Zustand eines Stoffes je nach Temperatur verändern kann.

Drei Zustandsformen, man nennt sie auch Aggregatzustände, kennen wir: fest, flüssig und gasförmig. Im festen Zustand behält ein Stoff seine Form. Eine Flüssigkeit fließt von alleine auseinander, wenn sie nicht in einem Gefäß aufgefangen wird. Ein Gas dagegen kann sich sehr schnell in einem ganzen Raum verteilen.

... und flüssig

Was passiert, wenn Wasser friert?

Du brauchst:

- 1 Plastikflasche mit Schraubverschluss
- Wasser
- Gefrierschrank oder Gefrierfach

Nach dem Winter haben viele Straßen Risse und Löcher.

1 Fülle die Flasche randvoll mit Wasser.
! Nimm eine Plastikflasche, da sonst Scherben entstehen können.

Was passiert?

Das Wasser in der Flasche ist im Gefrierschrank zu Eis gefroren und hat die Flasche „gesprengt". Wahrscheinlich sind an deiner Flasche Risse im Plastik zu sehen, und der Schraubverschluss ist abgeplatzt.

Warum?

Wasser dehnt sich um etwa ein Zehntel aus, wenn es zu Eis gefriert. Damit verhält sich Wasser recht ungewöhnlich. Denn die meisten Stoffe ziehen sich zusammen, wenn sie gefrieren. Wasser besteht aus winzigen Teilchen (Molekülen), die sich beim Gefrieren regelmäßig anordnen. In diesem „geordneten" Zustand nehmen sie mehr Raum ein als im flüssigen Zustand: Deshalb verschafft sich das gefrorene Wasser mehr Platz und „sprengt" die Flasche und auch die Straße im Winter bei Frost. Dabei werden kleine Risse im Asphalt, in die Wasser eingedrungen ist, durch gefrorenes Wasser in große Löcher verwandelt.

2 Lege die verschlossene Flasche ins Gefrierfach.

3 Lass die Flasche 4 bis 5 Stunden dort liegen.

4 Nimm die Flasche heraus. Wie sieht sie jetzt aus?

Schon gewusst?

In der Natur kommt das Sprengen durch Wasser, genauer gesagt: durch Eis, häufig vor. Vor allem in Gebieten, in denen es oft friert und taut, ist die sogenannte Frostsprengung von Felsbrocken und Steinen sehr verbreitet.
Dabei dringt Wasser in Felsspalten ein. Beim Gefrieren dehnt sich das Wasser aus und zerlegt den Felsen in kleine Teile, den sogenannten Frostschutt.

Eis kann selbst hartes Gestein wie Granit sprengen.

Was passiert, wenn Wasser erhitzt wird?

Du brauchst:
- 1 Topf
- Wasser
- 1 Löffel aus Metall
- 1 Erwachsenen

Wenn man heiß geduscht hat, beschlägt im Badezimmer der Spiegel.

1 Stelle den Topf auf den Herd und fülle ihn mit Wasser.

Was passiert?

Nach ein paar Minuten beginnt das Wasser im Topf zu kochen, und es steigt Dampf aus dem Topf auf. Hält man den Löffel in den Dampf, kann man kleine Tropfen beobachten, die am Löffel hängen bleiben.

Warum?

Sobald Wasser kocht, verdampft es. Dabei wird aus dem flüssigen Wasser gasförmiger Wasserdampf. Wenn du den Löffel über den Topf hältst, bilden sich an ihm kleine Tröpfchen. Dieses Phänomen nennt man Kondensation. Hierbei wird der Wasserdampf wieder zu Wasser. Wasser verdampft bei etwa 100 Grad Celsius. Der Wasserdampf kondensiert, wenn die Temperatur sinkt. Er kühlt ziemlich schnell ab, wenn er auf den kalten Löffel trifft.

Schon gewusst?

Etwas ganz Ähnliches passiert, wenn es regnet. Das Wasser aus Flüssen und Meeren verdampft und steigt als Wasserdampf auf. Je höher er steigt, desto mehr kühlt er ab, da die Luft zunehmend kälter wird. Beim Abkühlen gibt der Wasserdampf Tröpfchen an die Luft ab. Er kondensiert also. Dabei bilden sich Wolken. Und wenn in den Wolken sehr viele Tropfen sind und sie zu schwer werden, fallen sie runter: Es regnet.

Werden die Tropfen in einer Wolke zu schwer, fallen sie als Regen hinab.

Warum geht der Wasserläufer nicht unter?

Du brauchst:

- 1 Glas
- Wasser
- 1 Büroklammer
- etwas Spülmittel
- 1 Pinzette

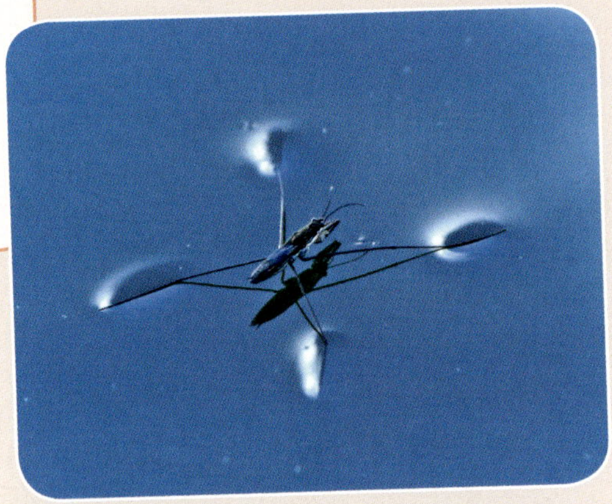

Das Wasser wird durch den Wasserläufer sogar eingedellt!

1

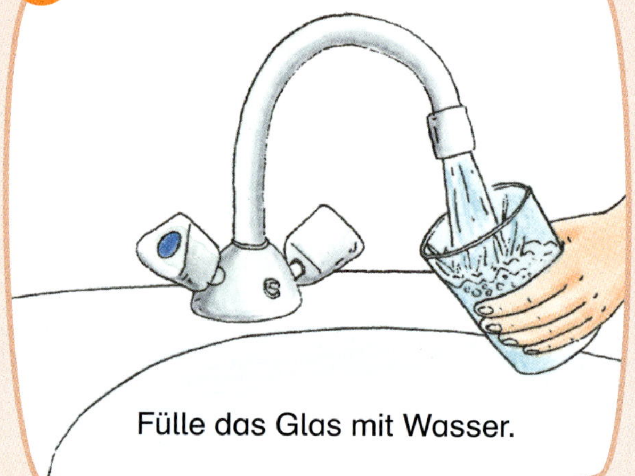

Fülle das Glas mit Wasser.

Was passiert?

Wenn die Büroklammer auf dem Wasser schwimmt, sieht das Wasser direkt unter der Klammer so aus, als hätte es eine dünne Haut. Sobald du einen Tropfen Spülmittel ins Glas gibst, sinkt die Büroklammer nach unten.

Warum?

Wasser besitzt tatsächlich so etwas wie eine Haut. Denn die winzigen Teilchen (Moleküle), aus denen das Wasser besteht, ziehen sich gegenseitig an. Dieses Zusammenhalten der Teilchen an der Oberfläche wird auch Oberflächenspannung genannt. Deswegen werden kleine Gegenstände oder auch der Wasserläufer vom Wasser gehalten. Das Spülmittel zerstört die Oberflächenspannung des Wassers und lässt alles sinken – auch den Wasserläufer.

2

Lege die Büroklammer mit der Pinzette flach auf die Wasseroberfläche.

3

Sieh dir die Oberfläche unter der Büroklammer genau an.

4

Gib nun einen Tropfen Spülmittel in das Glas.

Schon gewusst?

Das Zusammenhalten von Teilchen ist eine wichtige Eigenschaft von Klebstoff. Je stärker die einzelnen Teilchen im Klebstoff aneinander haften, desto stabiler und fester wird die Klebeverbindung. Zudem müssen die Klebstoffteilchen gut an den Teilchen etwa einer zerbrochenen Vase haften bleiben.

Die Oberflächenspannung des Wassers hält den Tropfen zusammen.

Warum klebt das Segel auf dem Wasser?

Du brauchst:
- 1 Glas
- Wasser
- 1 Stück Pappe
- mehrere Centstücke

Mit dem Segel im Wind gilt: Volle Kraft voraus!

1

Fülle das Glas bis oben mit Wasser.

Was passiert?

Man benötigt ziemlich viele Münzen, bis etwas passiert. Die Pappe scheint felsenfest auf dem Glas und damit auf dem Wasser zu kleben. Wie viele Münzen du genau brauchst, hängt von der Größe des Glases und der Pappe ab und davon, wie weit die Pappe übersteht.

Warum?

Zwei Kräfte halten die Pappe sowie Luzies Segel fest auf der Wasseroberfläche. Die eine Kraft heißt Adhäsion oder „Klebekraft“. Durch sie bleiben unterschiedliche Materialien aneinander kleben. Je größer die Kontaktfläche zwischen den beiden Stoffen ist, desto stärker kleben sie. Die zweite Kraft ist der Luftdruck. Er drückt von oben auf die Pappe oder das Segel. So hat es Luzie ganz schön schwer, das Segel hochzuziehen.

2

Lege die Pappe auf das Glas, sodass sie deutlich übersteht.

3

Lege nacheinander Centmünzen auf den überstehenden Rand.

4

Bei wie vielen Münzen fällt die Pappe herunter?

Schon gewusst?

Die Klebekraft sorgt auch dafür, dass Wassertropfen auf unserer Haut bleiben. Das merkst du zum Beispiel, wenn du aus einem Schwimmbecken steigst. Außerdem sitzt plötzlich dein Badeanzug oder deine Badehose ganz eng am Körper. Auch die nasse Kleidung „klebt“ förmlich an dir.

Durch die Klebekraft bleibt auch die Kreide an der Tafel haften.

Weshalb gleiten Schlittschuhe übers Eis?

Du brauchst:
- 1 Glas
- 1 dünnen Faden (etwa 15 cm)
- 2 Löffel
- 1 Eiswürfel

1 Lege den Eiswürfel oben auf den Glasboden.

Auf den Schlittschuhen sind die Eishockeyspieler blitzschnell.

2 Binde jeweils ein Ende des Fadens an einen Löffel.

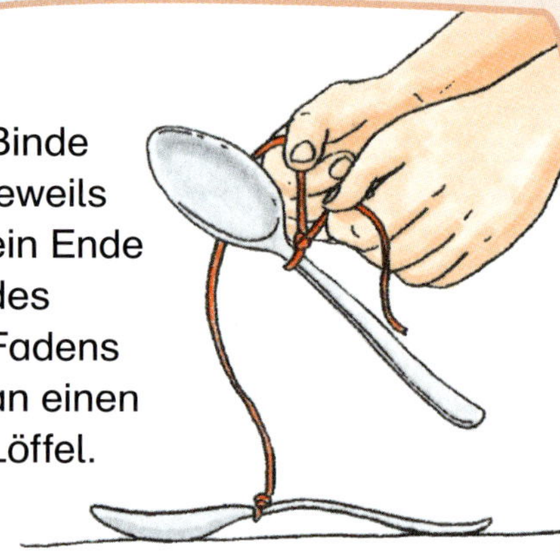

Was passiert?

Du wirst feststellen, dass der Faden in den Eiswürfel „hineingewandert“ ist. Von außen lassen sich dabei überhaupt keine Einschnitte am Eiswürfel erkennen. Er ist unbeschädigt! Lässt du deinen Versuchsaufbau noch ein wenig länger im Kühlschrank stehen, siehst du bald, dass der Faden sogar komplett durch das Eis wandert. Auch dabei ist der Eiswürfel ganz geblieben.

Warum?

Eis hat eine besondere Eigenschaft: Es schmilzt unter Druck. Durch das Gewicht der Löffel drückt der Faden auf das Eis, und es schmilzt. Da das Glas im Kühlschrank steht, friert das geschmolzene Eis gleich wieder. Daher sieht man keine Einschnitte. Bei Schlittschuhläufern ist das ganz ähnlich. Die Kufen üben mit dem Gewicht des Läufers Druck auf das Eis aus. Es schmilzt und bildet einen Wasserfilm. Darauf kann eine Eisprinzessin leicht dahingleiten.

3

Lege den Faden mit den beiden Löffeln über den Eiswürfel.

4

Stelle alles in den Kühlschrank oder ins Eisfach.

5

Schau nach ein paar Stunden nach.

Schon gewusst?

Rennrodelfahrer machen sich dieses Prinzip zunutze: Sie tragen Bleiwesten, erhöhen so den Druck der Kufen auf das Eis und gleiten deshalb schneller.
Doch ein Rennrodelfahrer darf nicht unbegrenzt viele Gewichte tragen. Dafür sorgen strenge Wettkampfregeln: Eine Frau darf bis zu zehn Kilogramm zusätzliches Gewicht mit auf den Schlitten nehmen, ein Mann höchstens dreizehn.

Mit zwei Personen fährt der Schlitten schneller.

Welche Stoffe verschwinden im Wasser?

Du brauchst:
- 5 Gläser
- Wasser
- Salz
- Zucker
- Sand
- Marmelade
- Öl
- 1 Löffel
- Papier und Stift

Eine Brausetablette löst sich in Wasser auf.

1 Fülle Wasser in alle 5 Gläser.

Was passiert?

Zwei der Stoffe, Zucker und Salz, werden im Wasser unsichtbar. Andere hingegen bleiben sichtbar. Sie lagern sich entweder am Boden ab (Sand und Marmelade) oder schwimmen (Öl).

Warum?

Ein Stoff löst sich in Wasser auf, wenn die winzigen Wasserteilchen zwischen die Teilchen des Stoffes gelangen können. So schieben sich etwa die Wasserteilchen zwischen die winzigen Teilchen, aus denen jedes einzelne Salzkorn besteht. Das Salzkörnchen zerfällt und ist nicht mehr sichtbar. Die entstandene Flüssigkeit heißt Lösung. Den gelösten Stoff nennt man „wasserlöslich“. Substanzen, die man nicht lösen kann, sind „wasserunlöslich“.

2

Gib etwas Salz ins erste Glas. Notiere, was passiert.

3

Nimm den Löffel und rühre um. Was passiert?

4

Mach dasselbe mit allen Stoffen. Notiere deine Beobachtungen.

Schon gewusst?

Löst man so viel Zucker wie möglich in kaltem Wasser, nennt man die Lösung „gesättigt“. Im warmen Wasser löst sich mehr Zucker auf als im kalten Wasser. Denn in der Wärme bewegen sich die Wasserteilchen schneller und gelangen einfacher zwischen die Zuckerteilchen. Die Lösung ist dann „übersättigt“. Kühlt die Lösung ab, setzt sich der übrige Zucker am Boden ab. Das kannst du mal mit einem Glas Tee ausprobieren.

Öl verbindet sich nicht mit Wasser: Es ist wasserunlöslich.

Mein Forschertagebuch

Auf den Seiten deines Forschertagebuches findest du noch mehr Experimente, zusätzliche Fragen und Tipps zum Weiterforschen. Du kannst deine Beobachtungen und Ergebnisse direkt hier eintragen. Oder du legst dir ein eigenes Forscherheft für deine Einträge an.

Steht vorne im Buch bei einem Experiment dieses Symbol, findest du hier weitere Informationen. Die Zahl im Symbol führt dich direkt zum richtigen Experiment.

1. Experimentiere mit Knete und einer Schüssel voll Wasser. Forme aus der Knete unterschiedliche Gegenstände, zum Beispiel eine kleine Schüssel, eine Kugel, ein längeres Schiffchen, ein Floß oder Ähnliches. Welche deiner Gegenstände schwimmen auf dem Wasser und welche sinken? Notiere zuerst deine Vermutungen und vergleiche sie nach dem Versuch mit deinen Beobachtungen.

Meine Vermutungen:

Meine Beobachtungen:

2. Papier wird stabiler, wenn man es faltet. Man kann aus einem Blatt Papier auch eine lange Röhre drehen, diese mit Klebeband zukleben und verbauen. Unternimm mit einer Freundin oder einem Freund einen kleinen Wettbewerb. Jeder erhält 20 DIN-A4-Blätter. Wer von euch kann daraus den höchsten stabilen Turm bauen?

Eine Zeichnung von unserem stabilsten Turm:

3. Suche dir zusammen mit einem Helfer verschiedene Dinge für ein Fallexperiment heraus. Die Gegenstände sollten nicht kaputtgehen, wenn sie auf den Boden fallen. Nehmt zum Beispiel einen Tennisball, ein zerknülltes Blatt Papier, eine Seite einer Zeitung, eine Mütze usw. Steige auf einen Stuhl oder einen Tisch und lass alles nacheinander aus derselben Höhe fallen. Bitte deinen Helfer, die Zeiten zu stoppen, die jeder Gegenstand benötigt, bis er auf dem Boden aufkommt. Lege eine Tabelle an und trage die Zeiten ein. Was fällt am schnellsten, was am langsamsten?

Gegenstand				
Zeit				

Am schnellsten: ______________________________

____

Am langsamsten: ______________________________

____

4. Zieh dir am besten etwas an, das nass werden darf! Fülle in einen kleinen Eimer etwas Wasser und geh nach draußen. Schleudere den Eimer schnell im Kreis. Aber Vorsicht: Nicht loslassen! Wie langsam kannst du werden, ohne dass Wasser aus dem Eimer schwappt?

Meine Beobachtungen: ______________________________

____

5. Mit diesem Versuch bringst du Gläser zum Singen. Wasch dir zuerst die Hände. Fülle Wasser in ein möglichst dünnwandiges Glas, etwa ein Weinglas mit Stiel. Tauche den Zeigefinger ins Wasser und reibe mit dem nassen Finger am Rand des Glases entlang. Halte mit der anderen Hand das Glas unten fest, damit es nicht umfallen kann. Mit etwas Übung kannst du einen Ton erzeugen. Dieser Ton entsteht durch deinen Finger, der das Glas in Schwingung versetzt. Experimentiere mit verschiedenen Gläsern und unterschiedlichen Wassermengen. Wie verändert sich die Tonhöhe? Notiere deine Beobachtungen.

Meine Beobachtungen: ______________________________

____

____

____

____

____

____

____

6. Experimentiere mit verschiedenen Trinkhalmlängen. Kannst du die Tonhöhe variieren?

Meine Beobachtungen:

7. Schall wird sowohl in der Luft als auch über eine Schnur übertragen. Bastle dir ein Dosentelefon aus zwei leeren Joghurtbechern, die durch eine lange Schnur verbunden sind. Lege zuerst eine Zeichnung an und überlege, wie du vorgehst und was du alles zum Basteln benötigst.

Meine Zeichnung:

Das brauche ich, und so gehe ich vor:

8. Wie gut kannst du den Abstand zu einem Gegenstand mit nur einem Auge abschätzen? Stelle ein leeres Glas etwa eine Armlänge von dir entfernt auf den Tisch. Kneife ein Auge zu und versuche, einen Stift in das Glas zu stecken. Schaffst du es?

Meine Beobachtungen: ______________________________

____

____

9. Wie gut kannst du im Dunkeln sehen? Suche dir eine Handvoll bunte Gegenstände aus. Dunkle dein Zimmer ab und versuche nun, die Farben der einzelnen Gegenstände zu erkennen. Richtig schwierig wird es, wenn du zum Beispiel Holzwürfel nimmst, die alle die gleiche Größe haben. Oder vielleicht auch bunte Spielfiguren.
Hast du alle Farben erkannt? Wahrscheinlich nicht, denn zum Farbensehen braucht man viel Licht. Vielleicht kennst du das Sprichwort: Nachts sind alle Katzen grau. Überlege doch mal, was sich dahinter verbirgt, und notiere deine Vermutungen!

Meine Vermutungen: ______________________________

____

____

____

____

____

____

10. Lege hinter ein mit Wasser gefülltes Glas einen Zettel mit einem Pfeil darauf, der nach rechts zeigt (→). Wenn du nun von vorne durch das Glas schaust, zeigt der Pfeil plötzlich in die andere Richtung (←). Das macht er aber nur, wenn du einen gewissen Abstand einhältst. Probiere es mal aus!

Meine Beobachtungen: ________________________

____

____

____

11. An einem sonnigen Tag kannst du im Freien eine andere Möglichkeit ausprobieren, um das Farbspektrum des Lichts zu sehen. Dazu benötigst du entweder eine Gießkanne oder einen Gartenschlauch mit einem Sprühaufsatz. Gieße das Wasser in einem hohen Bogen heraus, sodass es möglichst fein verteilt wird. Wenn du nun in das Wasser blickst, kannst du einen Regenbogen sehen.

Ein Bild von meinem Regenbogen:

12. Wenn du einen Topf mit frischen Kräutern ans Küchenfenster stellst, wirst du jeden Tag sehen, wie sich die Stängel und Blätter nach der Sonne ausrichten. Du kannst den Topf auch mal um 90 Grad oder 180 Grad drehen und beobachten, wie schnell sich die Pflanze wieder dem Licht zuwendet. Dasselbe kannst du auch mit unterschiedlichen Zimmerpflanzen ausprobieren.

Meine Beobachtungen:

13. Eine Überraschung kannst du in diesem Experiment erleben: Forme eine etwa erbsengroße Kugel aus Alufolie. Lege eine leere Flasche waagerecht auf den Tisch und platziere das Kügelchen im Flaschenhals. Puste nun in die Flasche. Was glaubst du, was passieren wird?

Da die Flasche nicht leer, sondern mit Luft gefüllt ist, passiert etwas ganz Erstaunliches: Die Kugel wird nicht in den Flaschenbauch gepustet, sondern kommt dir entgegen.

14. Laubbäume geben über ihre Blätter unglaubliche Mengen an Wasser ab. Aber kannst du die Bäume auch an ihren Blättern erkennen? Dabei kann dir ein Blätterbestimmungsbuch helfen: Nimm dir bei deinem nächsten Spaziergang einen Notizblock und einen Bleistift mit und zeichne Blätter von unterschiedlichen Bäumen ab. Notiere, von welchem Baum sie sind, wo und wann du ihn gesehen hast. Achte auch auf die Rinde und die Form des Baumes.
Vielleicht kannst du ja mit diesen Angaben selbst schon herausfinden, wie der Baum heißt. Du kannst auch jemanden fragen. Hefte deine Einträge in einer Mappe ab. Mit der Zeit hast du dein ganz eigenes Bestimmungsbuch, in dem du die Blätter der Bäume vergleichen kannst.

Dieses Blatt gefällt mir besonders gut:

15. Wasser dehnt sich aus, wenn es friert. Das kannst du ganz einfach beweisen, indem du Wasser in einen offenen Eiswürfelbehälter füllst und ins Gefrierfach des Kühlschranks stellst. Was kannst du beobachten, wenn das Wasser nach ein paar Stunden gefroren ist?

Meine Beobachtungen:

16. Die Oberflächenspannung des Wassers kannst du ganz einfach sichtbar machen. Fülle ein Glas bis oben mit Wasser. Lass vorsichtig ein paar Münzen nacheinander hineingleiten. Beobachte dabei den Wasserspiegel. Wie verändert er sich? Zeichne das Versuchsergebnis auf.

Eine Zeichnung von meinem Ergebnis:

Das habe ich beobachtet:

17. Was denkst du? Kann man eine CD mit Wasser auf dem Tisch festkleben? Probiere es doch einmal aus: Tropfe etwas Wasser auf den Tisch, lege die CD darauf und drehe sie ein wenig. Kannst du nun die CD einfach wieder anheben?

Meine Vermutungen:

Meine Beobachtungen:

Tipps für Eltern und Lehrer – Naturwissenschaften sind überall

Liebe Eltern, liebe Lehrerinnen und Lehrer,

Kinder sind von Natur aus neugierig. Die Beschäftigung mit Naturwissenschaften stillt diesen Wissensdurst und bietet Schülerinnen und Schülern wertvolle Erkenntnisse.

Die Naturwissenschaften sind ein wichtiger Teil eines jeden Lehrplans. Doch darüber hinaus vermitteln sie weitaus mehr als nur „reines Schulwissen“: Vermutungen oder Beobachtungen müssen genau formuliert, Ergebnisse berechnet und aufgezeichnet werden. Es wird miteinander gesprochen, diskutiert und argumentiert, wodurch Kommunikations- und Teamfähigkeit der Kinder gefördert werden.
Die unterschiedlichen Experimente in diesem Buch wecken ein neugieriges Interesse an der Natur mit ihren Gesetzmäßigkeiten, und sie schulen einen respektvollen Umgang mit unserer Umwelt. Die Schülerinnen und Schüler lernen die Welt mit einer gesunden Portion Skepsis zu betrachten und kritisch zu hinterfragen.

In den unterschiedlichen Lehrplänen der Länder finden wir die Naturwissenschaften meist in einer Art Fächerverbund repräsentiert. So werden Physik, Chemie, Biologie oft im Fach „Sachkunde“ zusammengefasst.
Die folgende Tabelle versucht, die 50 Experimente dieses Buches einzelnen Lehrplaninhalten zuzuordnen. Dabei ist eine eindeutige Zuordnung nicht immer leicht: Die Entfernung eines Gewitters hat sowohl etwas mit dem Thema Wetter als auch mit dem Thema Schallübertragung zu tun. Verstehen Sie die Tabelle daher bitte nicht als „in Stein gemeißelt“, sondern als Anregung.

Vielleicht legen Sie mit Ihren Kindern noch weitere Forschertagebücher an und gehen gemeinsam in der Natur auf Entdeckungstour!? Viel Spaß beim Probieren, Entdecken und Erforschen!

Die Kinder- und Jugendbuchredaktion des Dudenverlags

Lehrplanbezug

	Kapitel	Frage	Seite
Eigenschaften von Stoffen	warm und kalt	Warum sind Topfgriffe oft aus Plastik?	18
	voll und leer	Warum wächst der Kuchen im Ofen?	88
	nass und trocken	Wie wird die Wäsche trocken?	100
	nass und trocken	Warum regnet es nicht durch den Schirm?	112
Körper	leicht und schwer	Weshalb wiegt man im Wasser weniger?	34
Luft	warm und kalt	Wie stark drückt die Luft?	20
	schnell und langsam	Was fällt langsamer, was schneller?	46
	schnell und langsam	Wie fährt ein Segelschiff?	48
	voll und leer	Wie bekommt ein Taucher Luft?	90
	voll und leer	Wie funktioniert ein Trinkhalm?	92
	voll und leer	Wie fliegt eine Rakete?	94
Natur-phänomene Kraft	leicht und schwer	Wie funktioniert eine Waage?	28
	leicht und schwer	Wie lässt sich Karton leichter zerschneiden?	30
	leicht und schwer	Wie kann man schwere Dinge bewegen?	36
	leicht und schwer	Wieso kippt ein Kran nicht um?	40
	schnell und langsam	Wer rutscht schneller?	44
	schnell und langsam	Warum fliegt man im Karussell nach außen?	52
	schnell und langsam	Was passiert bei einem Zusammenstoß?	54
Statik	leicht und schwer	Gibt es wirklich Möbel aus Papier?	38
Pflanzen	warm und kalt	Wie kann man Geheimschrift lesen?	24
	hell und dunkel	Wachsen Pflanzen immer nach oben?	82
	nass und trocken	Wie viel Kraft haben Pflanzen?	104
	nass und trocken	Wie trinken Pflanzen?	106
	nass und trocken	Können Pflanzen schwitzen?	108
Sinne	laut und leise	Warum haben wir zwei Ohren?	58
Hören	laut und leise	Stört mich Lärm?	62
Schall	laut und leise	Kann man Geräusche auch sehen?	60
	laut und leise	Weshalb macht eine Flöte Musik?	64
	laut und leise	Wie hört man mit dem Stethoskop?	66
	laut und leise	Wie weit ist ein Gewitter entfernt?	68
Sehen	schnell und langsam	Wie werden Bilder lebendig?	50
	hell und dunkel	Wie sehen unsere Augen?	72
	hell und dunkel	Weshalb haben wir zwei Augen?	74
	hell und dunkel	Warum verändern sich Pupillen?	76
	hell und dunkel	Was ist eine Fata Morgana?	78
Licht	hell und dunkel	Welche Farbe hat das Licht?	80
Tasten	warm und kalt	Weshalb ist warm nicht gleich warm?	14
	warm und kalt	Warum sind Häuser im Süden oft weiß?	16
Wasser	leicht und schwer	Warum schwimmt ein Schiff?	32
	voll und leer	Was passiert, wenn Eis schmilzt?	86
	nass und trocken	Wie verändern sich Bohnen im Wasser?	102
	fest und flüssig	Was passiert, wenn Wasser friert?	116
	fest und flüssig	Was passiert, wenn Wasser erhitzt wird?	118
	fest und flüssig	Warum geht der Wasserläufer nicht unter?	120
	fest und flüssig	Warum klebt das Segel auf dem Wasser?	122
	fest und flüssig	Weshalb gleiten Schlittschuhe übers Eis?	124
	fest und flüssig	Welche Stoffe verschwinden im Wasser?	126
Wetter	warm und kalt	Wie fliegt ein Heißluftballon?	22
	voll und leer	Wie entsteht ein Wirbelsturm?	96
	nass und trocken	Wie wird morgen das Wetter?	110

Register

A

abkühlen **20, 119**
Adhäsion **122**
Aggregatzustand **115**
Ägypter **37**
Apfel **24**
Apfelsaft **24**
Archimedes **33**
Asphalt **23, 104, 116**
Aufprall **54**
Auftriebskraft **32–34**
Auge **50, 68, 70, 72–78, 132**
Außenluft **20**
Auswertung **11**
Auto **42, 51, 54**
Autobahn **63**

B

Backpulver **88, 89**
Badeanzug **123**
Badehose **123**
Badewannenabfluss **97**
Bagger **31, 37**
Balkenwaage **28**
Ball **55**
Ballon **22, 88, 94**
Batterie **29**
Bauchflosse **49**
Baum **109**
Baustelle **63**
Becher **28**
Beobachtung **10**
Beschreibung **11**
Besenstiel **30, 31, 40**
Bestimmungsbuch **135**
Bewegungsenergie **45, 54, 55**
Biathletin **74**
Biene **39**
Blatt **83, 107–109, 134, 135**
Bleiweste **125**
Blickwinkel **74, 75**
blinder Fleck **73**
Blitz **68**
Blüte **83, 105, 106**
Blutgefäß **15**
Bohne **102**
Bohrinsel **41**
Boot **48**
Brausetablette **126**
Bremsklotz **45**
Brücke **38**
Bügeleisen **24**
Butter **18, 19**

C

CD-Hülle **38**
Chamäleon **73**
Cheopspyramide **37**
Containerschiff **32**
Crashtest **54**

D

Dampf **118, 119**
Dämmerung **77**
Daumenkino **50**
Deckenventilator **23**
Disco **63**
Donner **68**
Doppelhub **41**
Dosentelefon **131**
Drehbewegung **52, 53**
Drehung **96**
Druck **91, 94, 104, 124, 125**
Dunkelheit **70, 71, 76, 77, 132**
dunkler Stoff **16, 17**

E

Echo **61**
Edelstahltopf **18**
Einzelaugen **75**
Einzelbilder **50**
Eis **85, 114, 116, 124, 125, 136**
Eisberg **86**
Eisen **25**
Eiskristalle **87**
Eistauchen **14**
Eiswürfel **85, 86, 136**
elastischer Stoß **55**
Elefant **41**
Energie **48, 49, 54**
Energiesparlampe **81**
Erbse **18, 19**
Erde **21, 98, 99, 111**
Ergebnis **10, 11**
erhitzen **20, 22, 25, 118, 119**
Essig **25**

F

Fahrradbremse **45**
Fallschirm **47**
Fallschirmspringer **47**
Falt-Technik **39**
Farbe **70, 73, 80, 81, 132**
Farbspektrum **80, 81, 133**
Fata Morgana **78, 79**
Federwaage **29**
Felge **45**
Felsbrocken **117**
fest **115**
Feuchtigkeit **100–103, 110, 113**
Film **50**
Fisch **49**
Flasche **20–22, 88, 91–93, 96, 97, 116, 117, 134, 135**

Fledermaus **61**
Fliege **75**
Fliehkraft **43, 52, 53**
Flöte **64**
Flügel **35**
Flugzeug **35, 69**
flüssig **92, 98, 113, 115**
Flüssigkeit **92, 98, 113, 115**
Forscherregeln **8, 10**
Forschertagebuch **9, 128**
Frostschutt **117**
Frostsprengung **117**
Fußballspiel **55**

G

Gartenschlauch **133**
Gärvorgang **89**
Gas **88, 89, 94, 114, 115, 118, 119**
gasförmig **115, 118, 119**
Gebirge **20, 21**
Gefieder **113**
gefrieren **86, 87, 116, 117, 136**
Gefrierfach **20, 21, 116, 117, 136**
Gefrierpunkt **87**
Gegengewicht **40**
Geheimschrift **24, 25**
Geheimtinte **24, 25**
Gehirn **50, 51, 56, 72, 74**
Gepard **42**
Geräusch **56–60, 68**
gesättigte Lösung **127**
Geschirrspülmaschine **95**
Geschwindigkeit **42, 48, 54**
Gestein **117**
Gewicht **26, 28, 34**
Gewitter **68**
Gießkanne **133**
Glas **18**
Glasprisma **81**
Glocke **90**
Glühbirne **71**
Gold **33**
Granit **117**
Gummiband **28, 29**
Gummistiefel **112**

H

Hagel **99**
Haushalt **53**
Hebel **30, 31**
Hefe **89**
Heißluftballon **22**
Heizkörper **23**
Heliotropismus **83**
heller Stoff **16, 17**
Helligkeit **70–73, 76, 77**
Hochdruckgebiet **110**
Holz **18, 19, 49, 110**
Holzblasinstrument **64, 65**
Honigbiene **39**
Hörorgan **59**
Hörsinn **59**
Hund **59**

I

Imprägnierung **112**
Innensieb **53**
Iris **76**

K

Kaktus **103**
Kälte **13, 15**
Kapillare **106, 107**
Kartoffel **82**
Karton **30, 36**
Karussell **43, 52**
Katze **59, 77**
Keim **82, 102, 105**
Keimling **104**
Kettenkarussell **43, 52**
Kiefernzapfen **110, 111**
Kiemen **90**
Kino **50**
Klebeband **28, 34**
Klebekraft **122, 123**
Klebstoff **121**
Kleidung **99**
Knautschzone **54**
Knospe **105**
Kohlendioxid **88**
Kondensation **118**
kondensieren **108, 118, 119**
Körpertemperatur **13**
Körperwärme **15, 17**
Kraft **30, 32, 43, 94, 99, 104, 122**
Kran **37, 40**
Kräuter **134**
Kreide **123**
Kreisbewegung **52**
Krone **33**
Kuchen **88**
Küchenwaage **34**
Kufen **124, 125**
Kühlschrank **20, 21, 124, 136**

L

Lärm **62, 63**
Lärmschutz **62**
Lärmschutzwand **63**
Last **32, 36**
Laubbaum **135**
Laubheuschrecke **59**
Libelle **51**
Licht **68, 70–73, 76–81, 104, 132–134**
lichtempfindliche Zellen **82**
Lichtfarben **80, 81**
Lichtstrahlen **72, 77–79**

Lippen **65**
Locher **31**
Löffel **18**
Lösung **126, 127**
Luft **20–22, 24, 25, 57, 60, 66, 67, 82, 84, 90–97, 100, 119, 135**
Luftballon **22, 23, 88, 89, 94, 95**
Luftbewegung **23**
Luftblase **90**
Luftdruck **20, 21, 94, 111, 122**
Luftfeuchtigkeit **111**
Luftsäule **21**
Luftschicht **79**
Luftstrom **64**
Luftwiderstand **46, 47**
Luftwirbel **35, 64**
Lupe **72**

M

Machzahl **69**
Mammutbaum **107**
Maßeinheit **11**
Messung **11**
Metall **18, 19**
Mittelpunkt **96**
Möbel **38**
Molekül **116, 120**
Mundstück **64, 65**
Münze **28, 29, 54, 55, 78**
Musik **64**
Muskel **15**

N

Nachtschattengewächs **105**
Nährstoffe **82**
Netzhaut **50, 72, 73**
Niederschlag **99**
Nussknacker **31**

O

Oberfläche **44, 120**
Oberflächenspannung **120, 121, 136**
Obst **100, 101**
Obsttrockner **101**
Ofen **88**
Ohr **56, 58, 59, 62, 68**
Ölfilm **112**
Oxidation **24**

P

Papier **24**
Pappe **27, 38**
Pfanne **18**
Pflanze **26, 71, 82, 87, 99, 103–110, 134**
Planung **10**
Plastik **18, 108**
Plastikbecher **32**
Platte **49**
Prisma **81**
Pupille **72, 73, 76, 77**
Pyramide **37**

R

Rad **41, 51**
Rakete **94, 95**
Reaktion **88**
reflektierende Schicht **77**
Regen **80, 99, 112, 119**
Regenbogen **80, 81**
Regenbogenhaut **76**
Regenkleidung **112**
Reibung **36, 44, 45**
Reifen **45**
Rennrodelfahrer **125**
Rezeptoren **14**
Richtung **59**
Röhrchen **106**
Rollen **27, 36**
Rost **24**
Rückstoßprinzip **94, 95**
Rüssel **96**
Rutsche **44**

S

Salatschleuder **53**
Salz **87**
Samen **99, 102, 104, 105, 110**
Satellit **111**
Sauerstoff **82, 90**
Sauerstoffflasche **91**
Saugglocke **93**
Sauna **12, 19**
Schall **56, 60, 66–69, 131**
Schallgeschwindigkeit **69**
Schallwellen **56, 57, 60–63, 67, 68**
Schatten **16, 17**
Schere **27, 28**
Schiff **32**
Schiffsflosse **49**
Schilfrohr **65**
Schirm **112**
schlafende Augen **105**
Schleudergang **53**
Schlitten **125**
Schlittschuhe **124**
schmelzen **87**
Schnee **99**
Schubkarre **31, 36**
Schuss **55**
Schüssel **23, 32**
Schutzfilm **112**
Schwerkraft **28, 34, 35, 43, 46, 52**
Schwert **49**
Schwimmbad **12, 67, 123**
Schwimmkran **41**

Schwingung **60, 66, 130**
schwitzen **108**
See **57**
Segel **48, 122**
Segelschiff **48, 49**
Sehnerv **73**
Silber **19**
Sinne **59**
Sog **107**
Sonne **16, 17, 71, 80–83, 98**
Sonnenblume **71, 83**
Sonnenlicht **80–83**
Sprühaufsatz **133**
Stahlfeder **29**
Stängel **106, 134**
Stein **34, 37, 117**
Stethoskop **66**
Stimmgabel **29**
Stoff **17, 115, 126**
Straße **63, 87**
Stress **62**
Strom **49, 71**
Strudel **96**

T

Tabelle **11**
Taucher **90, 91**
Temperatur **12, 13, 111, 114**
Tempo **51**
Teppich **36**
Thermometer **13, 14**
Tiefdruckgebiet **110**
Tintenfisch **95**
Ton **29, 56, 59, 130, 131**
Tonhöhe **130, 131**
Topf **18**
Topfgriffe **18**
Tragfläche **35**
Trinkhalm **64, 92, 93, 131**
Trockenobst **101**
Trockenzeit **103**
Trommelfell **66**
T-Shirt **16**
Turmkran **40**

U

übersättigte Lösung **127**
Überschallflugzeug **69**
Ultraschall **61**
Unterdruck **93**

V

Ventilator **23**
verdampfen **99, 114, 118, 119**
verdunsten **107–109**
Verkehrslärm **63**
Vermutung **10**

W

Waage **28, 29, 34**
Wabe **39**
Wachstum **82**
Wagenradeffekt **51**
Wal **67**
Wand **63**
Wärme **13–19, 45, 58**
Wärmebild **15**
Wärmesinneskörperchen **14**
Wäsche **100**
Waschmaschine **53**
Wasser **14, 15, 18, 20–22, 32–34, 53, 60, 67, 78, 84–87, 90–92, 95–109, 116–122, 126, 127, 133–137**
wasserabweisend **113**
Wasserdampf **118, 119**
Wasserdruck **21**
Wasserfilm **124**
Wasserläufer **120**
wasserlöslich **126**
Wassersäule **97**
Wasserteilchen **100**
Wassertropfen **108**
wasserunlöslich **126, 127**
Wasservorrat **103**
Wattestäbchen **24**
Welle **56, 57, 60**
Wellpappe **38**
Weltall **21, 111**
Werkzeug **31**
Wetter **12, 99, 110**
Wetterkarte **110**
Wetterstation **110, 111**
Wettervorhersage **12, 111**
Widerstand **36**
Wind **48, 49, 100, 122**
Windrad **49**
Windschatten **46**
Wirbelsturm **96, 97**
Wolke **96, 111, 119**
Wolkenbildung **111**
Wurzel **106–108**
Wurzeldruck **107**
Wüste **17, 79, 103**
Wüstenfuchs **58**

Z

Zapfen **110**
Zauberschrift **25**
Zeichnung **11**
Zitronensaft **25**
Zuckerrohr **65**
Zusammenstoß **54**
Zustandsform **114, 115**
Zweig **108**